生活因阅读而精彩

生活因阅读而精彩

WHAT CAN I LEAVE FOR YOU，MY CHILD

VALUES ARE FORTUNE FOR CHILDREN'S WHOLE LIFE

留什么给你，
我的孩子

价值观是孩子一生的资本

毛华萍／著

中国华侨出版社

图书在版编目(CIP)数据

留什么给你，我的孩子：价值观是孩子一生的资本 / 毛华萍著.

—北京：中国华侨出版社，2014.7

ISBN 978-7-5113-4718-3

Ⅰ.①留…　Ⅱ.①毛…　Ⅲ.①家庭教育–品德教育

Ⅳ.①G78

中国版本图书馆 CIP 数据核字(2014)第115258号

留什么给你，我的孩子：价值观是孩子一生的资本

著　　者 / 毛华萍

责任编辑 / 棠　静

责任校对 / 孙　丽

经　　销 / 新华书店

开　　本 / 787 毫米×1092 毫米　1/16　印张/18　字数/223 千字

印　　刷 / 北京建泰印刷有限公司

版　　次 / 2014 年 8 月第 1 版　2014 年 8 月第 1 次印刷

书　　号 / ISBN 978-7-5113-4718-3

定　　价 / 33.80 元

中国华侨出版社　北京市朝阳区静安里 26 号通成达大厦 3 层　邮编：100028

法律顾问：陈鹰律师事务所

编辑部：(010)64443056　　64443979

发行部：(010)64443051　　传真：(010)64439708

网址：www.oveaschin.com

E-mail：oveaschin@sina.com

前言 *Preface*

留什么给你，我的孩子？

有的父母留给孩子得体的教养，言行得体、谦和友善、不逞强等，使孩子举手投足间显现出与众不同的风范；有的父母留给孩子良好的习惯，细心、认真、做事有规律等，使孩子变得越来越优秀，并且终身受益……

但要想更理性地解答这一问题，父母们不妨思考一下孩子究竟需要些什么。

对于年幼的孩子来说，他们如同一张白纸，等待外在世界的填充。这时候，如果他们没有价值观念，不知道什么是好的、对的，什么是坏的、错的，对于外在的一切笼统地接受，就很容易迷失自我，做出不当行为。因此，帮助孩子建立一种正确的价值观，是父母应该重视的问题。

什么是价值观？价值观是一个人对周围客观事物的看

法和评价，而这种看法和评价决定了人们的价值取向和价值追求，因而从一方面也成为了人们的价值尺度和准则，支配着人的行为、态度、信念、理解等，也是人们各种行为的心理基础，决定着孩子将来成为一个什么样的人，走什么样的路。

那么，正确的价值观该如何建立呢？

本书从是非观、人生观、情商观等几个方面入手，以简洁有力的论述、生动的案例详细地解剖了价值观的内涵和意义，并提出了相应的具体可行的建议，包括建立是非观念，接受建议与批评，培养参与意识，视挫折为成功阶梯，做好艰难拼搏的心理准备等，并由此衍生出尊重、大公无私、友善和仁慈等品质。

以此为基础，你一定可以培养出有正确价值观的好孩子，这样的孩子也一定会有一个幸福、成熟和健康的人生。不过，孩子的价值观不是一朝一夕就能够形成的，这是一个长期而艰苦的过程，甚至会延续孩子的一生，为此父母要做好长期打硬仗的心理准备。

目录 *Contents*

第一章
世界并不时时美好，你要做好自己

第二章
有意义的人生，这是比生命更重要的事

Part1 礼是人与人之间最优美的距离

Part2 成"人"比成"才"重要

第三章
以德服人是最大的成功，也是永恒的成功

第四章
如何在感性与理性之间行走

Part1　勇敢做自己，做有主见的人

Part2　控制住自己才能创造未来

第五章
要有自知之明，做自己命运的主宰者

第六章
追求不必太执着，尽心尽力即可

第七章
让孩子像野花一样成长

第一章　是非观：
世界并不时时美好，你要做好自己

Chapter 01

一个人总会面对是非抉择，

孩子平时若是任性而为，

很可能会自断美好前程。

所以，父母一定要让孩子有最起码的是非观，

有识别真假、美丑、善恶的判断力。

也就是让孩子从小开始知道什么是好的，

为什么会受到周围人的表扬；

什么是坏的，为什么会受到人们的谴责，

进而帮助他们养成良好的行为，

"勿以善小而不为，勿以恶小而为之"。

Part1 让你的孩子富有良知

良知是一种发自内心、合乎人性的情感，它告诉孩子们应该怎么做，不应该怎么做，即使周围没有人监督。良知不是与生俱来的，而是后天形成的，这就需要父母的教育和引导，帮孩子培养起良知，控制贪欲、自私、利己等本能，弘扬真、善、美，抨击假、丑、恶。

✤ 明辨是非，让孩子识对错

思雨是一个品学兼优的好学生，成绩在班级里总是名列前茅。最近这段时间班级组织开展学习互助活动，班主任赵老师把班上出了名的"调皮鬼"张小飞调到思雨旁边做同桌，目的是希望思雨能够在业余时间帮助张小飞补习补习功课，提高张小飞的学习成绩。

做同桌的这段时间里，思雨和张小飞渐渐熟识起来，两人经常有说有笑的。"调皮鬼"张小飞也会经常捉弄思雨，揪揪思雨的辫子或者放一只青蛙到思雨的课桌里吓唬她，因此教室里经常出现两人追赶打闹的场景。

渐渐地，班里有同学开始拿思雨和张小飞开玩笑，有些女生还故意疏远思雨。对此，思雨心里非常委屈和难过。一天放学回家后，思雨终于忍不住将自己这几天憋在心里的委屈一股脑儿地告诉了妈妈，眼泪止不住地流。

妈妈听完女儿内心的困惑后，心疼地抚摸着思雨的头，语重心长地说："妈妈理解你的心情，被人冤枉的时候，心里是最难受的。"

"妈妈，那我该怎么办？我不要和张小飞做同桌了，也再也不和他说话了。我明天就向赵老师申请换座位！"思雨抽噎着，妈妈对她的理解明显放大了思雨内心的委屈感。

"傻孩子，这样解决不了问题，"思雨妈妈耐心地开导女儿，"你积极参加学习互助活动，认真帮助张小飞补习功课是非常正确的行为。只是今后一定要注意自己的言行，不要经常和男同学不分你我地说笑打闹。"

思雨睁着哭红的大眼睛，认真地听着妈妈的教导："那以后班上的女生还会和我一起玩吗？"

"当然会啦，只要你听妈妈的话，以后多注意自己的言行，大家还是会和从前一样喜欢你的。要记住，洁身自爱的女孩才能得到别人的欣赏和喜爱呢。"思雨妈妈鼓励女儿道。

果然，思雨听妈妈的话不再和张小飞大打大闹，没过多久，班上其他女生又像往常一样经常问思雨问题，找思雨一起玩了。

一个没有是非观念的人很容易误入歧途。所以自古以来，古圣先贤就教导我们要明是非、知美丑、识善恶。但是，这些观念并不是人们与生俱来的，而是需要从小培养的。

孩子最初判断是非的标准都是以家长对此事物的态度、情绪、情感来作为参照物的。凡是父母肯定的东西，孩子便认为这是正确的；父母认为是错的，孩子也就认为是错的。随着孩子逐渐长大，自我意识一点点增强，他们判断是非的观念也会受到周围环境的影响。

由此可见，要想孩子真正做到明辨是非，那么父母在做好自己的基础上，还要时常关注孩子周围所接触的朋友、所接受的信息，等等。家长这两方面双管齐下，那么孩子才会真正认识到什么是对的，什么是错的；哪些是可以做的，哪些是坚决不能做的。

不过，孩子对于很多事情的判断受其思维和认识的局限，容易钻到牛角尖里出不来。当我们的孩子在成长过程中，遇到类似事例中发生在思雨身上的事情时，我们也要像思雨妈妈那样体会孩子的委屈和痛苦。所以，家长应该要用正确的方式引导孩子明辨是非，用正确的方式去处理事情。

1. 为孩子树立正确的道德观念

每个孩子在其生命的最初，都是像天使一样圣洁、纯美。他们的头脑里宛若一张白纸，等待着父母去描绘。父母描画出什么，他们的脑子里就会留下什么。

所以，从孩子很小开始，我们就要用正确的思想和观念来教育孩子、要求孩子，让他养成有理想、有道德、有文化、有纪律的孩子，教育孩子遵守公德、勤劳简朴、自尊自爱等。随着孩子逐渐长大，这些观念和思想就会作用于他们的意识和行为中。当遇到相关的问题时，孩子也就知道如何做是正确的，进而做出明确的是非判断。

2. 父母要从内心重视孩子是非观念的培养

由于幼小的孩子还没有明确的价值观、是非观，这就需要父母给他们一个道德指南针。这意味着父母不仅要在重大问题上向孩子灌输是非观，而且也要在日常琐事上向孩子灌输是非观。

如果父母在培养孩子的责任感、正直、忠诚的品质方面足够重视，就相当于为孩子的成长树立了一个价值体系，孩子会在其影响下走向正确的路。当然，父母本身的行为是最好的道德指南。如果父母是一个懂得负责任、正直的人，那么孩子也会向这个方向成长；如果父母本身就是一个喜欢逃避责任的人，那么孩子就难以有正确的行为导向。

3. 让孩子把握好是非界限

在教育孩子的过程中，家长有必要让孩子把握好是非界限，掌握一些是非标准。这样可以在很大程度上丰富孩子的思想道德知识，提高思想道德的认知水平。比如，我们可以告诉孩子哪些人的言行举止是善意的，哪些人的言行举止是恶意的。我们要教会孩子如何去辨别谎言、欺骗，该信什么，不该信什么，让孩子逐渐地形成正确的思想道德观念和行为习惯。

4. 利用讲故事的方式让孩子分清对错

教育孩子的时候，我们通常会给孩子讲道理。可是，对于孩子来说，他们很难在短时间内明白这些道理，而且听多了还会产生强烈的反感。这时，父母可以利用讲故事的方式来让孩子从中感受是非对错。

❀犯错不是过，不改才是错

9岁的多多一直是小伙伴中的"核心人物"，这和他在家中与父母之间的良好相处是分不开的。

就拿做错事这一点来说，多多的父母从不会无端地指责他，而是给他犯错的"权利"，并引导他如何看待错误，如何改正错误。

例如，有一天，做记者的爸爸下班回到家，发现采访用的录音笔不见了。他找了半天，才从书房的抽屉里找到，但录音笔已经被拆开了。

爸爸看了一眼心神不宁的儿子，就猜出了八九分。他走到多多身边，蹲下来温和地问道："告诉爸爸，录音笔是你弄坏的吗?"

多多虽然心虚，但是还是不敢承认，战战兢兢地说："我不知道。"

爸爸说："是你也没关系，爸爸不骂你，只是想知道是谁弄坏的。"

多多低下头说："是我弄坏的，我拿着它玩，不小心给摔了……"

爸爸说："承认了就是好孩子，弄坏了东西没关系，但是你想想，能不能把它修好呢?"

多多拿起录音笔看了又看，好像在想什么问题。于是爸爸就手把手地教起了多多修录音笔。不一会儿，在爸爸的指导下，多多重新安装好了录音笔，高兴得冲爸爸笑着。

这时候，爸爸趁热打铁对多多说："儿子，你今天把录音笔摔坏了没什么事，但是，如果你哪天把水管弄坏了，流了很多水，怎么办?如果你点了火，家里有东西烧着了，怎么办?所以，犯了错误首先要告诉爸爸、妈妈，我们会帮你解决。如果你自己能解决呢，那就最好了。"

听了爸爸的话，多多一个劲儿地点头说："我知道了，以后再犯了错，一定先告诉爸爸、妈妈。"

《弟子规》中有言："无心非，名为错;有心非，名为恶。过能改，归于无;倘掩饰，增一辜。"这几句话的意思是说："假如无意当中做了坏事，叫作错误;而故意犯错，则是罪恶。知错能改，错误自然慢慢地减少，直到消失；但如果为了面子，死不认错，百般掩饰，那就是错上加错了。"

孩子的成长是一个漫长的过程，在这个过程中，他们不断地尝试，不断地犯错，也不断地学习和成长。如果孩子从不犯错，那么只能说这个孩子尝试新事物的机会太少，也失去了很多学习的机会。故事中多多的爸爸在对待孩子犯错的事情上做得就很不错，值得家长们学习。

有的父母对孩子非常严厉，容不得孩子犯一丁点错误，一旦发现孩子哪些地方做得不对，甚至不够理想，就会对孩子横加指责，而不是教导孩子如何看待错误，如何在错误中成长。

其实，父母们不必对孩子的错误不依不饶，而应该正确地看待孩子的错误。如果让孩子知道，你对他的错误行为会坚决制止的话，那么当他犯错后，会立刻产生恐惧感，这对孩子心理的健康成长显然是不利的。

当然，大多数父母也都清楚"吃一堑，长一智"的道理。只是轮到自己孩子身上，就不允许"吃堑"了。这些父母大概不清楚，对于处于小学阶段的孩子来说，他们的探索欲和求知欲很强，往往一看到新鲜有趣的事物，就会本能地用有限的经验、自以为是的做法去探索，即使是做错了，他们依然想知道错误的背后是什么。如果父母一定要逼迫孩子不去参加有意义的实践，对孩子进行各种"不"的教育，孩子对学习的自发性、主动性、积极性就会被扼杀掉，最后，他再也不想犯错，也不想主动去尝试、学习了。

这样，岂不是太得不偿失了吗？

1. 引导孩子把错误当成学习的过程

自古至今，人类的学习过程都遵循这样一条规律：错误—学习—尝试—纠正，通过这样的不断循环，人类才会成长，世界才会进步。如果父母把错误这个源头彻底消灭，那么你的孩子也不会有成长。所以，父母应该引导孩子把错误当成学习的过程，允许他犯错误，让他在错误中得到真理，得到做事的正确方法。

妞妞有一次因好奇心发作，想"鉴定"一下瓷碗究竟会不会破碎，竟当着妈妈的面拿了一只往地上摔。但是妈妈没有制止她，妈妈只是在女儿摔碎之后，提醒她戴上橡胶手套并清理碎片。在女儿"打扫战场"的过程中，妈妈还见缝插针地告诉她瓷器容易破碎的常识。后来，妞妞从易碎的瓷器延伸联想到同样易碎的玻璃杯、镜子、瓶子、眼镜等，慢慢地开始自觉地学会保护和使用这类物品，再也没有摔碎过任何东西。

从这个故事来看，在孩子不断犯错的过程中，父母应鼓励他去大胆地尝试、去认真地学习，这对于孩子的成长来讲是大有裨益的。

2. 让孩子为犯错付出点"代价"

孩子犯错虽然可以被允许，但是能够通过犯错得到成长和历练，才能最大化地体现犯错的价值和意义。对于小学生来说，让他们为自己的错误付出一点"代价"，便是促使其成长和历练的一种方式。如果他们没有为相应的错误受到惩罚，那么错误还会延续下去。很多父母看到孩子犯了错误后，马上动手帮他们纠正，可能孩子意识到了自己的错误，但是由于没有得到惩罚，所以印象并不深刻，导致错误一再地出现。其实，孩子只有真正品尝到一些苦头，才会对自己所做的错事记忆深刻。

3. 要听孩子的解释

孩子错了都有原因，有的家长只要看到孩子犯错就马上惩罚，实际上这是非常不利于孩子成长的。因为孩子的认知一直处在发展当中，如果父母不分青红皂白就惩罚孩子，他会觉得委屈，可能产生错误认知，也可能产生逆反心理，不利于孩子的心理成长。另外一点也很重要，就是要以宽容的态度对待孩子的错误，不要在孩子知错之后还严厉惩戒，这样也会让孩子渐渐产生逆反心理。

所以，在孩子犯错的时候你不妨先听听孩子的原因或理由。

妈妈正在厨房做饭，听到门响了一声，但是却没有人出声，妈妈知道这是儿子小天回来了。不过平时他回来的时候都会大声嚷嚷，今天怎么没声音？妈妈好奇地轻轻走了出去。

儿子蹑手蹑脚地正往他的房间走去，妈妈问道："小天，你回来了，今天怎么这么安静啊？"妈妈边说边观察着小天的表情。

"今天啊，今天有点累了。"小天说。

"累了？是不是和同学们骑自行车玩累了？"妈妈问他。

这时，妈妈看到小天的表情非常紧张，他支支吾吾地说："嗯，是，我先进屋了。"

小天进了屋，妈妈不禁有些奇怪，觉得小天的反应有点儿反常。妈妈突然想到，怎么没听到小天推自行车进屋的声音呢？妈妈连忙到阳台上找，平时自行车都放这里。她一看果然没有，客厅里也没有。

妈妈想道："自行车很可能丢了。"这个自行车的价格不便宜，是小天央求了很久妈妈才买给他的。小天肯定怕妈妈骂他，所以才会显得心事重重。但妈妈没有去质问儿子，她希望儿子能主动认错。果然吃晚饭的时候，小天拿着筷子却吃不下去，低声地嘟囔了一句："我把自行车弄丢了。"

"什么？怎么会丢了呢？"妈妈没有生气，而是温和地问道。

"我把自行车放在小区里，去旁边玩了一会儿，回来就不见了。是我的错，我没有看好……"小天还没说完话，眼泪就掉下来了。

妈妈把小天揽在怀里，擦着他的眼泪说："妈妈知道，自行车丢了你心里也很难过。你不是故意的，现在又主动承认了错误，妈妈不怪你，以后小心点儿就是了。"

故事中的小天其实是个好孩子，虽然犯了错误，但在经过思想斗争之后还是向妈妈主动承认了错误。小天的妈妈也是一位好妈妈，虽然孩子丢失了贵重的东西，但妈妈没有责骂他，而是用简单的话语抚慰孩子的心伤，同时又提醒孩子以后要避免再犯这个错误。我们应该为这对母子鼓掌。

❀ 小孩子不能撒谎，撒谎不是好孩子

娜娜是个乖巧的好女孩，很少惹父母生气。爸爸、妈妈也希望她能够健康成长、学业有成，因此格外看重她的学习成绩。只要成绩好，爸爸、妈妈就很高兴，会奖励她不少东西；但如果她成绩不好，爸爸、妈妈就会责骂她。

这天，妈妈正在逛街的时候碰上了娜娜的班主任。聊天中，妈妈意外得知，娜娜上次拿给她的考试成绩单是假的，分数是娜娜自己改动的！

这个消息，使得妈妈不禁勃然大怒，回到家里一把抓住娜娜，大声训斥道："你怎么敢对我撒谎！和你说过多少遍，考多少就是多少，别弄虚作假！"

"哇"，娜娜大声地哭了起来，"考不好我就会挨骂，我不想……"

孩子说谎，这是一种普遍存在的现象。

生活中你是否发现，家里某个角落里有损坏的洋娃娃、小汽车、衣服等，这肯定是孩子们藏起来的。他们肯定这样想：先藏起来，也许父母发现不了，那我就可以不用挨骂了。当父母发现之后问及时，有的孩子就会撒谎说"不是我干的"、"我不知道啊，不知道是谁弄坏的"等。

孩子是天真无邪的，偶尔说个谎话并无大碍，但父母绝不能无视或迁就这一行为，毕竟"谎言"之所以称为"谎言"，是因为它是虚假的、不真实的、骗人的。那么，孩子为什么说谎呢？原因有很多。例如，为了让父母关注自己，孩子就会撒谎说自己哪儿不舒服，来吸引父母注意，促成自己的愿望；因为某些愿望无法实现，孩子会说些类似吹牛的大话；当孩子不想做什么事情的时候，也会寻找各种托词推脱。另外，孩子也会通过撒谎来逃避惩罚。这种心理很正常，因为保护自己、逃避责罚是人的本能。显然，例子中的娜娜之所以撒谎就是为了逃避惩罚。

对于孩子的谎言，父母千万不可一概而论，关键要正确地加以引导——多观察、多询问，理解孩子撒谎的动机，给予孩子改正的机会，鼓励孩子看问题、做事情时，客观公正、实事求是。那么家长该如何具体有效地帮助孩子呢？不妨看看下面的几点建议。

1. 不明就里的惩罚不可取

有些家长知道自己的孩子撒谎后第一反应就是对其严惩，这样的做法无疑是错误的。家长应该了解事情的经过，如果孩子主动承认了错误，那么就应该鼓励孩子；如果家长不管不顾，只要知道孩子撒了谎就是一顿教训，那么为了避免惩罚，孩子自然会隐瞒错误。

在孩子犯错误隐瞒家长，而家长自己发现之后，要先冷静下来，然后引导孩子主动告诉自己。比如以"发生了什么事，能和爸爸妈妈说说吗？即使是你做错了也没关系，爸爸、妈妈和你一起想办法补救，但是你要隐瞒错误或者说谎，那就比犯错更严重了"这样的方式来引导孩子。

通常情况下，家长帮助孩子分析利弊过后，孩子会主动认错的。

2. 让孩子知道撒谎不是解决问题之道

有问题，就要及时解决。对于孩子而言，有的事情可能无法独自承担后果，这时候他们可能因为恐惧而撒谎。此时家长就要帮助孩子，带领着孩子解决问题。

晓月和小颖是关系非常好的朋友，她们经常在一起玩。有一次，她们约好了到小颖家玩。到了之后，小颖去给晓月拿水果，晓月就准备在朋友回来的时候吓她一跳。她左看右看，发现客厅的博古架是个藏身地。她躲了起来，没想到在她准备吓小颖的时候不小心撞碎了一个花瓶。花瓶碎了就要赔，可是晓月又没有钱。她不敢和妈妈说，每天愁眉苦脸的。最后她的妈妈发现了女儿的异常，问了好几次。晓月每次都是支支吾吾的，一会儿撒谎说是因为学习，一会撒谎说心情不好。"你到底怎么了？能和我说实话吗？如果你真有什么问题，妈妈一定会帮你的！"在妈妈的循循善诱下，晓月终于说了实话。后来，妈妈带着晓月买了新的花瓶去向小颖的父母道歉。回来后晓月的妈妈教育了晓月，晓月知道反省了。

在孩子遇到问题或犯错的时候，恐惧和无助是一定会有的，这时候父母应该及时发现孩子的异常。发现孩子撒谎的时候，家长不要急于批评，要引导孩子说出事实，要先了解事情的经过，然后给予孩子正确的指导，告诉他们遇到这样的情况应该怎样做，要让孩子知道很好地解决问题才是首要的。

当这样的想法形成一种定式，孩子遇到问题的时候就会想办法去解决，不会向家长撒谎了。

❧对孩子进行"信用教育"

客厅里，妈妈正在训斥7岁的儿子。时钟已经指向了晚上11点，儿子竟然还不睡觉，拿着剪刀和胶水做飞机模型。妈妈劝孩子赶紧睡觉，儿子却说："不行，我答应冲冲明天带给他！一定要做完！"

"明天再做也一样，快去睡觉！"

"不行！"

母子的争吵惊动了书房里的父亲。他问明原委，原来，孩子答应帮邻居家的冲冲做手工作业，明天一早，就要把这个飞机模型交给老师。

"那你更不应该帮他做，自己的事应该自己完成，马上去睡觉。"妈妈说。

"让他做吧。"父亲说，"答应别人的事一定要做到。不过，下一次，你不能再帮别人做作业了，要让他自己完成，知道吗？"

儿子点头答应，又做了1个小时才把模型完成。妈妈心疼睡眼惺忪的儿子，父亲却说："咱们家孩子这么小就知道守信用，这是一件值得鼓励的事！"

诚实守信是一个人非常重要的品质。一个没有信用的人很难在社会上立足，无论做什么，都没有人愿意相信，因为不守信用就像是一张口头支票，是一种变相的欺骗。世上没有人愿意和骗子打交道，将心比心。守信不分大事小事，如果在一件小事上失去了信用，那么就失去了坚守的原则。

家长应该要培养孩子守信用，像事例当中的妈妈那样教育孩子的话，那么孩子迟早会变得自私，认知出现偏差，认为信用是可有可无的东西。如果认知已经出现偏差，那么一切都已经晚了。

对于小孩子来说，信用这个词可能不好理解，但是他们明白什么叫作说到做到。有的孩子或许很难遵守自己的诺言，这个时候家长就要帮助孩子了，对孩子进行一番"信用教育"。让孩子认识责任和信用是什么，从而让孩子学会守信。

1. 父母要先说到做到

对于成长当中的孩子们来说，学以致用是最常见的，因此，家长的一言一行都会影响到孩子。所以，家长在孩子面前要守信，孩子才能学会守信。

茜茜马上就要期中考试了，她上次考得不够理想，茜茜妈为了女儿能够获得好成绩，跟女儿承诺，如果这次考试能够排进前十名，妈妈就带她去一直想去的海洋馆。为了达成目标，茜茜非常努力。然而在考试过后她妈妈一直以工作忙为由，迟迟不履行诺言。到了期末考试之后，茜茜的成绩有所下降，妈妈质问茜茜怎么成绩保持不住，茜茜回答说："你说话不算话都没什么，我一次没考好怎么了？"

在与孩子的交流中，父母最忌讳的是言而无信。答应孩子周末去公园，但到了时间却又找各种借口推辞；许诺孩子给他买玩具，但到了商场却只字不提……面对这样的父母，孩子会作何感想？相信他一定不会再信任父母，一定会用同样的方法来对待父母。所以，言而有信，这是一个成功父母的基本，也是教育孩子讲信用的基本前提。

2. 谁的责任谁承担

孩子不守信用其实就是一种撒谎行为，在开始家长如果没有及时制止，那么它就会成为孩子的一种习惯。孩子不讲信用是如何发展到习惯的呢？不得不说，有一部分原因来源于家长的纵容。

孩子的责任意识还不够，而家长又习惯于给孩子收尾，什么事情做不好家长都来担责任，孩子意识不到自己的行为有什么不对，自然就会越来越散漫，不将承诺当作一回事了。

举例来说，孩子因为虚荣心向朋友吹牛或是承诺什么又无法实现的时候，家长不要帮孩子圆谎，他自己做的事就应该要自己去承担责任。在孩子受到现实的教训后，家长再适时地点拨，让孩子明白责任和信用的重要性。

3. 培养孩子的时间观念

无规矩不成方圆，有时孩子不讲信用就是因为没有一个相应的规矩，给孩子一个自由的范围，他通常都不会逾越，最起码的就是时间观念的培养。

对于孩子而言，遵守承诺并不是一件简单的事情，因此应该从小事做起。比如在孩子做事之前给孩子设定一个时限，和孩子约定到了时间一定要完成。或者当孩子和朋友约定玩的时间的时候，家长要告诉孩子遵守时间。家长平时规定孩子起床和睡觉的时间，不要轻易改变，也不要有例外，时间久了，孩子自然会养成守时的好习惯，有了原则，守信也就不难做到了。

✦学会说"不"，坚持有所不为

罗子蒙在断掉母乳之后就跟着外婆生活了。由于是女孩子，所以外公、外婆生怕外孙女吃亏出事，总是向她灌输"不要与人争斗、遇事能忍则忍、吃亏是福"的思想，以致现在的罗子蒙养成了内向柔弱、隐忍老实的性格。

现在读小学三年级的罗子蒙成绩优异，老师还任命她担任班里的学习委员。有一次，老师让她帮助几个成绩差的同学补习功课，罗子蒙很认真地答应下来。可是，那几个孩子很调皮，根本不愿安安静静地坐下来学习，还用水彩笔往罗子蒙的衣服上乱画，弄乱罗子蒙的辫子，并且警告她不准告诉老师。

面对别人的责难，罗子蒙敢怒不敢言、默默忍受，到后来苦苦哀求，但这些都无济于事。

经过一番冥思苦想，罗子蒙想出了一个勉为其难的方法：谁能认真听她讲题，她就给谁5元钱。

那几个调皮的孩子听了，立马蜂拥而上，罗子蒙的50元钱很快便被"瓜分"干净了。

这件事被班主任老师知道了，老师教训了那几个调皮的孩子，并让他们把钱如数交还给罗子蒙。同时，老师也教育了罗子蒙："你这样做是不对的。你为什么不拒绝他们？他们提出无理的要求，你为什么不告诉老师呢？"罗子蒙小声地说道："我不想惹事，不想招惹他们生气，怕他们又对我做恶作剧。"

对于有着如此懦弱性格的班干部，老师也深感无奈，不得已将罗子蒙的职务给撤掉了。此后，同学们知道了罗子蒙很懦弱，就经常抓住她的这一弱点来戏弄她。她向同学借铅笔，同学就会故意对她说："你帮我写篇作业我就借给你。"上厕所常被男生挡在半路，要求她学小猫叫才让她通过。令人感到悲哀的是，罗子蒙对这些无理的要求竟然都一一答应了。

受现代教育理念的启发，现在很多家长都比较注重培养孩子懂得分享、懂得付出的美德。我们都知道，只有这样我们的孩子才会获得他人友好的对待，赢得他人的尊重和信任。

但家长们可曾考虑过，如果孩子的分享和付出把握不好尺度，对于别人提出的要求一概答应，从不考虑自己的实际情况和真实想法，以至于全然放弃了自己应该拥有的权利，那么这样对孩子的成长是利多还是弊大呢？很明显，正如上文例子中的罗子蒙，其结果可能会是我们不希望看到的。

虽说拒绝他人委实不是一件容易的事情，即便对于小孩子来说也会存在着一定的为难情绪，但是让我们的孩子做到大胆地拒绝别人，对他们的成长来说却是一件非常重要的事情。因为，如果孩子不懂得拒绝别人，那么他们就会逐渐形成懦弱的性格，以至于长大后无法适应竞争激烈的社会。

因此，我们在培养孩子时，不要忘了教会孩子学会拒绝，巧妙说"不"。

1. 让孩子具备一定的自我保护意识

对于孩子们来说，由于其自身逻辑思维的局限、生活经验的缺乏，从而导致他们对于事情的行为后果缺少预见能力，不懂哪些事情是危险的、哪些事情容易对自己造成伤害。所以，孩子会将父母的监护和限制视作管制和牵绊，从而进行反抗，甚至还会采取一些小伎俩来逃脱父母的监护，从而进一步加大了本身行为的危险性。

因此，培养孩子的自我保护意识就显得尤为重要。家长要让孩子明白哪些事情可以同意，哪些要拒绝。家长通过对孩子进行自我保护意识的灌输和培养，就可以提高孩子主动防范性侵害的能力，让孩子懂得自我保护的意义，即使在没有父母的监督下，也可以主动约束自己、保护自己。

2. 教孩子学会用正当理由婉言拒绝

说"不"也是一门艺术，说得好了，对方不会介意；说得不好，对方会认为故意跟他过不去。我们要让孩子知道，当遭遇不合理的要求时，只要拒绝得当，一般就不会有什么问题。简单来说，拒绝的时候，要用最委婉、最温和、最坦诚的语气，告诉对方自己不能答应他的要求的理由，切忌摆出一副冷冰冰的神态强硬地拒绝。

要想做到这一点，父母除了言传之外，还可以进行一些相应的"身教"练习。比如，可以要求孩子做一些他做不到的事情，引导孩子表达其内心的想法。如果孩子懂得了拒绝这门艺术，那么当他再遭到同学、伙伴们的无理要求时，就知道委婉地说"不"了。

3. 让孩子大声说话，大胆表达，不畏陌生

当发现孩子有胆小懦弱、不爱说话、不善表达的现象时，父母要有意识地提醒孩子敢于大声说话，并给他们提供大胆讲话的机会。例如，家里来了客人，家长就可以让孩子多与客人接触交谈。

此外，父母还可以多为孩子提供独立思考、表达自我的机会。比如，当孩子遇到事情需要解决时，父母不要急于替他解答，而应该多问问他："你

觉得应该怎么办?"如果孩子回答得对,我们就给予称赞和鼓励。如果不对,也不要责怪和否定孩子,而要委婉地引导他认识到自己的错误之处。这样既可以提高孩子的口才,又可以在一定程度上克服孩子胆小懦弱的性格障碍。

4. 让孩子学会独立自理,大胆做事

父母可以有计划、有目的地给孩子安排一些他可以独立完成的任务,比如让他独自外出买酱油醋、独自坐公交等。遇到困难,父母再给予必要的指导和帮助。这些都将有利于锻炼孩子的胆量和魄力。

Part2 勤俭是立世之本，取之有度，用之有节

孩子是个"宝"，家中的人都围着他们转，什么事情都满足他们，加之孩子年纪小，没有清晰的财富观，这无形之中就助长了他们大手大脚、铺张浪费的行为，严重影响其品格发展。因此，父母要给予足够的重视，给孩子的物质供应应适度，使孩子认识到勤俭是立世之本，进而取之有度，用之有节，形成健康的消费观。

❀杜绝挥霍，珍惜父母的血汗钱

张高明家庭条件不错，家长对于他的花销问题一直是放任自流，孩子想要什么就买什么，要多少钱就给多少钱。

很快，张高明升入初中了。这时候爸爸意识到孩子的花销需要好好地控制一下了。于是，爸爸与张高明约定，每个月中旬会往他的卡里存300元生活费，其余时间不会再汇钱。

按说张高明一个月300元生活费是够用的。可是由于他从小到大养成了花钱如流水的习惯，让他很快就捉襟见肘。有时候，张高明和关系不错的同学到餐馆用餐，一通挥霍就把所有的生活费花光了。每到这时候，张高明就

给家里的爸爸打电话，要爸爸给汇钱。

出于爱子心切，爸爸便原谅了儿子的行为，并给他汇钱。就这样，父子俩的约定就是个形式，实质上没什么作用。这样一来，张高明非但没有变得节约用钱，反而变本加厉，花钱越发大手大脚起来。

直到有一天，张高明又囊中羞涩了，就给爸爸打了电话，说："爸爸，我只有几十块钱了，给我汇1000元钱过来吧。"按照之前的惯例，爸爸明天就会汇钱过来。然而，出乎张高明预料的是，这次爸爸没有汇款，而是在两天之后收到了爸爸寄来的信，上面写着一行字："儿子，这次爸爸不给你汇款了，没饭吃就饿着吧。"

张高明一下子不知所措起来，他万万没想到爸爸这次和他"玩真的"。出于无奈，张高明只好拮据地过着之后的日子。他想尽办法地省吃俭用、精打细算，对每一分钱都有计划地安排。到了下个月的中旬，让张高明吃惊的是，居然还剩下十几元钱。这在之前是连想都不敢想的事。

至此，张高明明白过来，原来自己并不是那么需要钱，而只是花钱太没有节制了。从这次经历中，张高明受到了启发，之后他都尽量把钱花在"刀刃"上，这样下来，每个月他都能存下八九十元呢！

现在家长们一谈到孩子，大都会提及花销问题："养孩子真费钱，简直是个'无底洞'啊！"

的确，有一些家庭中，孩子已经成为消费的主力军。他们的消费勇气也不断上扬，尤其是过度攀比、浪费及大手大脚地花钱的现象层出不穷。

造成这一现象的原因，除了社会发展的因素外，更离不开家长的教育和培养。在如今这个经济飞速发展的时代，家长们在孩子的智力发展方面下足了功夫，但是却忽略了对他们勤俭节约的美德的培养。

然而，一个真正有教养的孩子，他们是懂得尊重家长的辛勤劳动所得的。他们不会乱花钱，不会买不需要或者过于贵重的物品。实际上，这种勤俭节约的品质不仅可以使孩子所拥有的东西的作用得到充分发挥，而且还有利于孩子独立生活能力的提高。

或许有的家长会说，孩子的要求还是尽量满足吧，反正家庭条件也不是不允许。殊不知，这样下去只会发展成家长们不想看到的结果，那就是：孩子爱讲排场，爱攀比，不懂得负责任。

因此，如果你不希望自己的孩子成为这样的人，而是希望他知书达理，那么就适当地控制一下孩子的消费情况，尽量让孩子懂得勤俭节约。这样他们才会珍惜自己的一切，爱惜父母的劳动成果，才能养成勤俭节约的好习惯。长大后，他们也就更容易增强艰苦奋斗的责任心，成才、成功的机会自然就会大很多。

1. 不要对孩子有求必应

由于大多数家庭都只有一个孩子，全家人都像对待宝贝疙瘩一样，把所有的爱和全部的希望都寄托在孩子的身上。于是，家长就容易对他百依百顺，对他的要求是有求必应，不管是吃的穿的、玩的用的，只要他想要的、想做的，都会满足他，哪怕自己省吃俭用、清苦度日也要全力满足孩子。

家长这样的做法看似是毫无保留地爱孩子，但实际上却会导致孩子变得懒惰和不负责任，这样的爱等于"害"！

2. 和孩子一起制订消费计划

制订一个开销计划对每个孩子都适用。比如，我们可以和孩子一起制订一周或者一个月内的消费计划，列出必要的花费和机动的开销数额，把全部花费控制在一个合理的范围内。这样孩子就会逐渐学会理性消费、根据自己的收入来计划支出。

瑞瑞年纪不大，就有了很强的理财观念了，这要归功于她的父母。在女儿小的时候，他们就曾带着女儿上过一次班，让孩子看看自己的辛苦，并且在此之后教孩子制订消费计划。现在每年的压岁钱都由瑞瑞自己掌控着，她的父母根本不用操心，孩子一点也不乱花钱，都已经成一个"万元户"了。

❦ 养成节俭的习惯，不与浪费结缘

闵轩家庭条件不错，他的父母开了一家公司，爸爸是公司老板，所以他从小锦衣玉食，没有受过什么苦。但是这也让闵轩养成了一些坏习惯。

比如他小小的年纪就用上了手机。因为担心孩子的安全问题，所以父母给他配备了手机，但是没想到这竟然成为了孩子炫耀的资本，经常在朋友面前炫耀。后来手机出了新款，闵轩的手机还很好，但是他死活都不肯用了，要换新款。儿子一闹父母就妥协了，给闵轩买了新手机。旧手机就被闵轩随便送给了同学。

闵轩的铺张浪费不仅表现在这方面，他还喜欢买球鞋，不是名牌不穿，新的穿了一段时间不喜欢就要再换新的。他出去吃汉堡，买完后吃了一口又不想吃了，又要吃比萨，咬了一口的汉堡就扔在了那里。更不用说用不完的学习用品，他总是成打地买笔，但是用了一支，其余的就扔在了那里；空本子更是很多，他写两页就不用了。

但就是这样优越的物质条件也没有让孩子专心去学习，他反而喜欢和同学攀比，讨论名牌。刚上小学就经常带着同学出入饭店。而且每次吃饭都点一桌子菜，吃不了浪费是常事。

儿子的这个坏习惯让他的父母都意识到了是自己对孩子过度纵容的结果，但是习惯养成了就难以改变。不是名牌的衣服孩子死活不穿，不可口的饭菜一口不吃，他的父母不知道应该要怎么办才好了。

节俭是一种美德，无论处于什么年代，都应当崇尚节俭。从小的方面看是为了居家过日子打算，从大的方面看是为人类后代节省资源，无论从哪一个角度都应理直气壮地崇尚节俭。但是要养成勤俭节约的习惯也不是很容易的，它需要经过一个日积月累、循序渐进的过程。

所以帮助孩子克服铺张浪费的不良行为，是一件刻不容缓的事。其实，造成孩子习惯铺张浪费的坏毛病，家长难辞其咎。因为父母太过宠孩子，吃、穿、用孩子想怎么样就怎么样，只要家里有条件，就会百依百顺，最终造成孩子喜欢和别人比吃、比穿。

这些现象，不能不令人担忧。如果孩子总这么被娇宠下去，将来立身处世的能力从何而来？如果不克服掉以上这些比吃、比穿、比玩、比大方的不良习惯，一味地铺张下去，孩子离不知勤俭的败家子还有多远？

想让孩子彻底与浪费绝缘，父母需要注意以下几方面：

1. 吃穿够用就好

现在大多数家庭的物质水平与过去的年代相比都有所提高，所以孩子的衣服不会穿到破再扔。现在孩子的衣服也多种多样，很多家长都希望能把自己的孩子打扮得漂漂亮亮的，但是这也滋生了孩子的虚荣心。

在孩子的吃穿用度上，家长不应该给孩子太优越的条件。衣服朴素一点也没什么，只要干干净净的，孩子不会低人一头。不要给孩子买太多名牌，这样不利于孩子勤俭节约习惯的养成，反而有可能让孩子陶醉于物质享受当中。

在吃的方面也一样，不要孩子想吃什么就给孩子买什么。对于正在长身体的孩子来说，营养均衡是最重要的，外面的很多食品反而不利于孩子的身体健康。而且给孩子太优越的条件会让孩子失去努力的目标，沉沦于物质享受当中。

2. 杜绝铺张浪费

现在眼花缭乱的学习用品有很多，孩子多变，常常是学习用品没用多久，就喜欢上了另一种。因为是学习用品，所以很多家长都认为应该满足孩子，反正也没有多少钱。但是这很容易让孩子养成铺张浪费的坏习惯，家长应该要限制孩子，比如笔不能不喜欢了就换，要用到没有水才可以换新的；本子没用完也不能轻易丢掉；草纸也要两面都用。

只有日常生活当中孩子学会勤俭节约，才能养成习惯。另外，家长也要做出表率，不要没吃完的饭随便倒掉，出去吃饭也不要点太多的菜，吃剩下的菜也要打包。生活中的点点滴滴都会让孩子学会勤俭节约。

3. 不要买过量的东西给孩子

在生活中，不要给孩子太多的附加品，有必需品就够了，孩子还不是享受的时候，不然会让孩子忘本。

罗素是个可爱的女孩子。她的父母非常喜欢女孩，在罗素出生之后，他们就把女儿当一个小公主一样养着，什么都给她最好的。在罗素上小学之后，她的父母在给她挑选用品的时候，买了一堆漂亮的学习用品，光书包为了搭配孩子不同的衣服就买了好几个。结果罗素变得非常臭美，注意力根本不在学习上，而是每天要穿什么衣服，配什么鞋子、什么书包。

孩子在成长阶段，他们的学习能力和接受能力是非常强的。孩子们不知道什么是必需品，家长给予什么，他们就接受什么。如果家长给了孩子过多不需要的附加品，孩子们就会将这些当作生活的必需品。所以家长给予孩子物品的时候要适度。

4. 培养孩子勤俭节约的思想

行动来源于意识。如果孩子没有勤俭节约的思想，那么父母怎么约束也是枉然，治标不治本。家长要多给孩子讲一些勤俭节约的故事，让孩子明白奋斗才是人生的目标，而不是享受。只有培养孩子正确的价值观，才能让孩子明白勤俭节约是一种美德。让孩子明白铺张浪费可耻，孩子才能养成勤俭节约的好习惯。

❦ 从零花钱开始，教孩子学会理财

　　五年级的闯闯已经管理自己的压岁钱了，他的妈妈从来不干涉。之所以闯闯妈妈放心孩子自己管理压岁钱，是因为从小就对孩子进行了理财教育。

　　闯闯刚认识钱的时候，对钱没有什么概念，只知道钱可以换好吃的、好玩的。这时闯闯的妈妈开始教闯闯认识面值不同的钱，随着闯闯年龄的增长，他渐渐对钱有了确实的概念。之后，闯闯的妈妈就开始给闯闯一些零花钱。

　　但是闯闯花钱没有计划，常常是开头大手大脚，到了月末手里就拮据了。有一次闯闯的班级组织活动，闯闯跟妈妈要钱，妈妈对闯闯说："我这个月的零用钱已经给你了啊，而且出去活动的钱也不多，你从零用钱里出不就可以了吗？"

　　闯闯说自己的钱花光了，妈妈就说可以给他，但是要从下个月的零用钱里面扣，或者闯闯帮家里做些什么劳务给他一些钱，但是要做得合格才行。经过劳动，闯闯知道了钱不是好挣的，以后花钱收敛多了。

　　闯闯的妈妈还给儿子办了一张存折，将孩子的压岁钱存进去一部分，留了一些给孩子，允许闯闯可以买自己喜欢的东西。闯闯看中了一双运动鞋，可是手里只有100多块存剩下的"零头"，不太够，于是妈妈就建议儿子从零用钱中攒。渐渐地，闯闯学会了计划消费。

　　第二年，闯闯的妈妈就让他自己管理压岁钱了。而闯闯也没有让他妈妈失望，他将自己的压岁钱管理得很好，每年都能存下一笔可观的钱。

如果让时光倒退到 10 年前，一个孩子能在一周内拥有一二十元的零花钱，那么就会感觉这是一笔不小的"财富"。然而如今的有些孩子，却早已对 10 元钱"不放在眼里"。尤其是一些经济条件较好的家庭，父母在孩子身上可谓无微不至，孩子更不会担心没有零花钱。在他们看来，金钱好比是大风刮来的，容易得很。

然而，这样的孩子长大后，花钱会有计划吗？没有钱时又该怎么办？

只知道花钱而不会理财的孩子是不会养成好习惯的，父母从小就要给孩子灌输理财观念，培养孩子的理财能力。具体来说，父母在给孩子零用钱的时候要懂得节制，也要引导孩子自己管理手中的钱。

1. 父母把好关

现在很多孩子不懂节俭，时常浪费，对于手中的零花钱更是不知计划着使用。有的父母为了控制孩子，不给孩子零用钱，但实际上这并不能培养孩子的理财能力。所谓家长把好关，指的是不要无限制地给孩子零用钱。

家长在给孩子零用钱的时候，要问孩子每个月有什么样的支出，这样在控制了无限度零用钱的同时，也能让孩子学会做预算，可谓是一举两得。而且，在和孩子定好每个月给多少零用钱之后，不能追加，不要到月中或月末给孩子追加零用钱，那样孩子永远学不会理财。

2. 带着孩子去购物

平时家长可以多带着孩子去购物，在让孩子认识到理财的同时，也增长了一些生活经验。

小路虽然是个男孩子，但他经常陪着妈妈去购物。小路很喜欢这件事，因为每次去购物之前，妈妈都会带着他列一份清单，要买什么，然后带多少钱比较好。有时妈妈会让小路带着钱，这样在买东西的时候小路就会算计、对比，看看买哪种最合适。每次剩下了钱妈妈都会给小路，所以小路在花钱方面很有计划，手里也存下了不少的零用钱。

孩子不会理智消费，所以经常透支，为了孩子的未来，父母应该要培养孩子的理财能力。像小路妈妈的做法就很好，带着孩子去购物，在这个过程当中孩子学会比较、学会计划。当然，前提是家长要懂得理性消费，如果家长习惯了冲动消费，那么带着孩子去购物就不是什么明智的选择了。

3. 灌输给孩子"要花钱，自己挣"的思想意识

在孩子还小的时候，父母就要给他们灌输"要花钱，自己挣"的理念。随着孩子渐渐成长，这种理念就会促使孩子尽快实现经济独立，拥有更多的智慧和胆识。

孩子还小，不容易发现挣钱的机会。所以，父母就有必要帮助孩子寻找挣钱的机会，否则"零花钱，自己赚"就成了一句空话，达不到教育的目的。

森森年龄不大就有了理财意识，不仅如此，他还有环保意识。这主要归功于他的父母。森森的爸妈从来不会无节度地给孩子零用钱，有时他们会给孩子制造一些"赚钱"的机会，比如做一些家务。除此之外，他们还告诉森森饮料瓶可以换钱。森森在外面玩的时候就会捡饮料瓶，然后拿去卖。渐渐地，森森明白了要获得报酬，就要付出劳动，而且对自己辛苦赚来的钱也倍加珍惜。

不管用什么样的方式，父母的最终目的是让孩子懂得要收获就要有付出的道理。当孩子辛苦赚来钱之后，他会明白物质得来不易，自然会有计划地花销。这是一种习惯，只要从小培养孩子的理财意识，随着年龄的增长，他们的理财意识才会越来越强。

❀孩子有时也需"穷养"

小玲是学校里的"明星"，可她的出名却并非因为学习，而是另一种习惯：每天都要穿不同的衣服，每周都要去逛街买东西，在学校大手大脚……对于此，爸爸劝诫过多次，可小玲却说："爸爸，这些东西我轻松就得到了，你为何总说要让我珍惜？反正我还要再买，大不了扔了就行了！"

该怎么纠正孩子的这个毛病呢？想了好久，爸爸终于有了主意。一次，二叔要回老家，他让小玲也一起回去，并对她说："孩子，你还没有回过农村的老家，这回你见见长辈们，同时也看看农村人是怎么生活的吧！"

一个月后，小玲回到了家里。令爸爸欣喜的是，小玲变得沉稳了许多，不再急着去买新衣服，而是将一些从没有穿过的衣服打包装箱。

"小玲，你这是要干什么？"爸爸不解地问。

小玲抬起头，说："爸爸，这次回老家，我感觉自己过去太不懂事了。我原来以为，所有人的生活都和咱们一样，谁知道看到二爷爷的生活，不禁让我大吃一惊。二爷爷不要说喝饮料，现在喝水都还要打井；婶子家的小妹妹衣服已经穿了两年，有地方都打了补丁，可是到现在还舍不得扔。我的生活这么幸福，可我却一点也不懂珍惜……这些衣服我都没有穿过，所以，我想把它们寄给妹妹吧。"

这件事后，小玲大手大脚的习惯逐渐改善。

每个父母都不愿自己的孩子成为一个游手好闲、好吃懒做的"小懒汉"，因此在教育孩子的过程中，总会这样苦口婆心地说："孩子，你要知道生活有多么不容易，生活有多么艰辛……"

父母的初衷没有错，然而仅凭一两句话，就真的可以起到作用吗？但对于孩子来说，他根本就无法体验到这种艰辛，因为在他的生活体验里，父母会帮他安排好、做好所有的事情。而这，恰恰正是我们目前家庭教育的普遍性弊端。

想让孩子明白生活的艰辛，我们就不能将教育仅停留在口头之上。有时候，我们甚至可以将其送至乡下，让他看一看不一样的生活。

小玲爸爸的做法，非常值得我们深思。现在的很多父母，总是对孩子过度娇宠，无形中把孩子变成了一个"宠物"，而不是一个独立的人。每个人都一定要在体验中成长，成长是不能代替的，所以体验也是不能代替的。家长如果对孩子过度溺爱，就会使他丧失这一切，体验不到生活中的艰难辛苦，锻炼不出生活和生存的自立能力，他们将变得"无能"，有翅膀不能飞翔，有脚不能走路，有知识不能利用，碰到麻烦的时候就惊慌失措。

不可否认，父母对子女的爱是世间最无私、最深厚的爱，但父母们要知道，只有让孩子从小就懂得生活的艰辛，这才是最宝贵的爱。只有孩子看到了生活艰辛的一面，才会懂得勤俭，才会养成好习惯。所以从这一刻开始，我们要改变教育方针，让孩子真切地体会一下什么才是生活。

1. 让孩子去体验真实的生活

很多父母怕孩子承受痛苦，便宠溺孩子，这样做从本质上讲是不尊重孩子的，更不利于孩子养成科学的消费观。父母真正应该做的是，让孩子自己去体验生活，比如参加一些业余的打工，自力更生赚取零花钱。只有让孩子体验到生活艰辛的一面，他才会真正地养成勤俭节约的习惯。

2. 与孩子进行"换位体验"

太容易得到的东西，孩子往往不珍惜。要改变孩子大手大脚的消费习惯，必须让孩子明白父母生活的艰难，明白任何东西都是要靠付出自己的努力和汗水才能得到的。

有一位妈妈是这样做的：

女儿以同学有一辆漂亮的脚踏车为由要求妈妈给自己也买一辆脚踏车，这是一个不算富裕的家庭，妈妈告诉女儿："孩子，不好意思。妈妈现在没有足够的钱给你买，等妈妈挣够钱的时候才能给你买。"但女儿不依不饶，非要让妈妈满足自己的要求不可。妈妈非常生气地指责了女儿一顿，结果女儿和妈妈闹起了冷战。经过一个阶段的冷静思考，这位聪慧的妈妈认识到：要改变孩子，就要让孩子在生活实践中亲手去做，亲自去体验，亲自去品尝社会和人生。

于是，在一个星期六的早上，这位妈妈宣布将把"家长"的职位让贤于女儿一天，而自己和丈夫则从现在开始都要变成"孩子"，让孩子自己学会安排一天的家务，理好一天的家财，管理好每一个"孩子"的生活与学习等。

女儿非常乐意地接受了这一光荣的使命，并且坚信自己能获得成功！

一天下来的花销明细账是：1.餐费 30 元；2. 电费 10 元；3. 水费 5 元；4. 燃气费 3 元；5. 水果消费 15 元；6.手机费 7 元。简简单单的一天生活，却罗列着一串惊人的数字——一年要用去 2 万余元的生活费！女儿通过一天当"家长"的换位体验，一下子明白了许多道理，真正感悟到了当家长的苦衷。这时，妈妈拿出一大把 10 元、20 元的零钱，认真地对女儿说："孩子，你看，这是妈妈起早贪黑用了半年的时间攒的钱，我想应该够买一辆脚踏车了，你拿去吧。"女儿看着妈妈，不好意思地低下了头："妈妈，您挣钱多辛苦呀，我不要买脚踏车了……"

这是一位聪慧的母亲，不是吗？值得我们学习和效仿。

❦ 让孩子当一次"保姆"

犟犟是个 12 岁的少女了。刚刚步入青春期的她变得越来越爱美，最直接的表现就是她换衣服的频率越来越高。由于每次换下来的衣服都要妈妈来洗，这无形中增加了妈妈的负担。

于是，犟犟的妈妈决定和女儿谈谈。妈妈说："犟犟，妈妈每天要上班，下班后还要做家务，很忙也很辛苦。你现在已经是 12 岁的大孩子了，可以做一些事情了。妈妈希望以后你的衣服都由你自己来洗。如果你忘记的话，就只好穿脏衣服了。"听妈妈这么说，鼙鼙一点儿也没有不乐意，而是很痛快地点了点头。

一周过去了，妈妈发现洗衣机里塞满了鼙鼙的脏衣服。她很生气，于是很严厉地批评了鼙鼙，鼙鼙答应妈妈下次不会忘了。

又一周过去了，妈妈发现脏衣服更多了，洗衣机里已经放不下了，鼙鼙直接把它们堆在自己的卧室里，衣柜里、地上到处都是。最严重的是，鼙鼙已经没有几件干净衣服可以换了。

这时候，妈妈没有立刻批评鼙鼙，而是想了个办法：冷处理。她决定用对此置之不理的方法来好好教育女儿。但是鼙鼙有她的应对办法：她从脏衣服堆里捡出稍微干净点儿的衣服继续穿，就是不肯自己动手把它们洗干净。

不过，一段时间过去后，鼙鼙已经无法拣出哪怕一件稍微干净点儿的衣服穿了，而妈妈的态度丝毫没有改变。此时，鼙鼙没办法，只好把衣服一件件洗干净了。此后，鼙鼙的衣服都是由她自己来洗，而且她发现洗衣服并没有她想象的那么难。鼙鼙甚至还渐渐开始帮妈妈做其他的家务了。

如事例中所叙述的，鼙鼙妈妈用"冷处理"的方法促成了女儿自己动手洗衣服及做家务的行为。如果不是妈妈这样做，恐怕鼙鼙还会过着衣来伸手、饭来张口的生活，也就无法形成一定的生活自理能力。

对孩子来说，必须从小养成劳动观念。再小的孩子也有他能够做的事情，比如2岁大的孩子，可以逐渐培养他养成收拾自己的玩具、睡衣之类的习惯。而一个十几岁的孩子应当成为有能力独立做大部分家务活儿的帮手，如负责决定家庭菜单和烹调、收拾与打扫房间及庭院，等等。如果父母过分地纵容、宠爱孩子，会把孩子变成懒惰、依赖的人，危害极大。

与之相反，让孩子学会做家务则好处多多。通过做家务可以让孩子学会勤俭，增加对家庭的责任感，还有助于锻炼身体。

既然做家务的好处如此之多，那么该怎样培养孩子做家务的好习惯呢？

1. 根据孩子的年龄选派家务活

作为家长，不要觉得要孩子做家务是残忍的事情。对于孩子来讲，他们对未接触过的事情充满了好奇，所以让孩子养成做家务的习惯实际上是对孩子自理能力的一种锻炼。不用担心孩子做不好，每个年龄段都有孩子力所能及的事情，只要按照孩子的能力范围来安排就可以了。

小杰是一个活泼开朗、热爱劳动的小学生，他的老师和同学都非常喜欢他。小杰比起同龄人来说要懂事许多，这让周围的小朋友都非常佩服他，也让他很自信。究其原因，是他的父母从小就对他进行了"特殊"教育。在小杰3岁的时候，他的父母开始让他学习擦桌子；到了4岁，小杰的爸爸、妈妈开始把收拾自己衣服的工作交给了小杰……随着年龄的增长，小杰学会了很多家务活，也变得越来越有担当了。

在让孩子做家务的时候，家长要遵循一个规律，那就是随着孩子年龄的逐渐增长，交给他们的任务也要越来越重要。

2. 既要让孩子有新鲜感，又要保持持久度

总是做同样的事，孩子难免会感到乏味，做家务的积极性就会随之降低。所以，这需要父母们在给孩子安排家务的时候，要把握新鲜感和持久度之间的平衡。

持之以恒并不是一件简单的事情，尤其对于一个孩子而言。这个时候，

做父母的就要出面协调孩子的新鲜感和持久度。一味地让孩子重复同样的事情不利于新鲜感的维持，而孩子失去新鲜感就马上换任务则不利于孩子持久度的培养。因此，最好的方法是让孩子在相同的事情当中发现不同的乐趣。

比如，让孩子浇花的时候不要单单让孩子重复这项任务，而是让孩子在浇花的过程当中注意植物的生长变化，这样可以提升孩子做家务的新鲜感和持久度，有利于习惯的养成。

3. 对孩子的所作所为不要吹毛求疵

有的家长希望通过严格的要求让孩子进步更快，但有时家长这样做很容易起反作用，让孩子产生抵触情绪。

毛毛正是活泼好动的年龄，但他总是有些唯唯诺诺。说到底，这和他的父母有很大的关系。毛毛的爸爸、妈妈对毛毛要求非常严格，当他们认为毛毛可以做家务之后，就给毛毛安排了一些力所能及的事情。一开始毛毛非常乐意，但渐渐地有些讨厌了，因为他总因为做不好被家长批评。渐渐地，他不再喜欢做家务了。

孩子毕竟还小，操作能力没有大人那么强，有时候难免会出错。因此，父母需要学会接受孩子做事过程中不完美的地方，并想办法帮助孩子解决问题。比如，如果发现孩子忘记给花浇水，父母可以提醒一下："你给花儿浇水了吗?"或者父母偷偷地给花浇一次水。

其实，让年龄比较小的孩子做家务的意义并不在于分担父母的任务，而是培养孩子的自理自立能力、培养孩子劳动的习惯。因此，在孩子做事情的时候，不要只关注结果，而要多注意过程。

对于孩子而言，劳动是一个实践的过程。对于他们而言，是非常宝贵的成长经验，因此父母无须要求过高，重在孩子得到收获。进步也是一个过程，耐心一些才能看到孩子的进步。

🍂要节俭，但不可以吝啬

杨洋的爸爸、妈妈从小就教育孩子要懂得勤俭节约，这让孩子小小年纪就有了节约意识，这让她的父母感到非常欣慰。但是孩子似乎有些节约过了头，变得吝啬又小气，周围都没有朋友愿意和她玩。

举例来说吧，杨洋的父母给她买了新的娃娃，和朋友在一起玩的时候她总是舍不得拿出自己的娃娃来，而是玩朋友的。每当朋友提出玩一会儿她的玩具，她就百般不情愿。朋友说她小气的时候，她就会说："你知道什么呀？这是勤俭节约，你们玩时一点都不小心，给我玩坏了怎么办？"

时间长了，没有人愿意和杨洋一起玩了，因为大家都觉得和她玩要小心翼翼地。还有，她有一次和妈妈上街的时候，在街边看见了卖植物的。她和妈妈买了一盆文竹，讲了半天价钱，卖盆栽的爷爷以 5 块钱的价格卖给了她。她掏出 10 块钱，爷爷眼神不好，以为是一张 20 块的，找了杨洋 15 块钱。杨洋见自己占了便宜，拉着妈妈赶紧跑。

回到家之后，她将自己的"光荣事迹"给爸爸讲了，没想到爸爸却批评了她。杨洋觉得爸爸太死板了，自己又没有偷，没有抢，是那个爷爷自己的错。班级捐款的时候杨洋也非常小气，总是不愿意捐钱。大家都疏远她，她还觉得是同学不懂得勤俭节约。

现在很多家长都开始重视对自己孩子金钱观的教育，但是，如果掌握不好火候，孩子搞不懂勤俭节约和吝啬的区别，就会变成一个"小气鬼"。没有人愿意和吝啬的人交往，孩子更是如此，如果自己的孩子不够大方，那么就会被同学疏远。虽然铺张浪费应该杜绝，但是吝啬也不该提倡。

吝啬是一种错误的观念，通常表现在对别人的态度。就像杨洋那样，对同学小气，捐款舍不得，显然，她没有一个正确的价值观、金钱观。家长应该要引导孩子，培养孩子正确的金钱观和价值观，让孩子明白钱的真正用途，什么时候应该勤俭节约，什么时候应该大方。

1. 家长要有正确的价值观

有的家长对自己很大方，面对弱者的时候却很冷漠，这无形之中就影响了孩子，让孩子认为自己的钱就是自己的，没有义务施舍给弱者。这样的后果就是孩子变得自私自利，而且没有形成正确的价值观，还有可能变成只着眼于物质的孩子。

家长应该让孩子知道，金钱应该用在该用的地方，要有同情心，对于弱者，不应该吝啬。勤俭不应该表现在对他人上，这能够让孩子富有同情心。当然，这是一种习惯，需要时间，所以家长才该有正确的价值观，这样才能培养孩子正确的价值观。

2. 培养孩子的同情心

培养孩子的价值观非常重要，家长应该让孩子从小就懂得同情弱者，这样孩子才能有较高的情商。

蓓蓓的父母从小就教育她要勤俭节约，但是对待朋友不能吝啬，带着孩子一起出去，看到乞丐也会施舍一些钱，给希望工程捐款也很积极。面对女儿的质疑，她妈妈总是说："你看，我们有吃的、有穿的是不是很幸福啊？那些可怜的人吃不饱饭，也没有暖和的衣服穿，我们是不是应该少买一些无关紧要的东西，让他们买衣服和吃的呢？"每当听妈妈这样说，蓓蓓都不吱声了，慢慢地，蓓蓓养成了勤俭节约却不吝啬的习惯。

孩子从小就有一种保护自己东西的本能，如果父母不给予正确的引导，那么就会让孩子变得自私而吝啬。家长应该从小培养孩子的同情心，要让孩子知道，勤俭固然重要，但不能变成吝啬的人。

第二章　人生观：

有意义的人生，这是比生命更重要的事

Chapter 02

人生观是指人们对人生的看法，

也就是我们为什么活着，

人生的意义、价值、目的何在。

每一个人都希望自己的人生有意义，

包括我们的孩子。

身为父母，

要让孩子懂得人生中有许多事情

值得我们终其一生去追求，

让孩子学会对人生进行思考，

领悟人生的真谛，

从而活出一番精彩丰富的人生。

Part1 礼是人与人之间最优美的距离

礼仪是一个人思想水平、文化修养、交往能力的外在表现，从小加强对孩子进行礼仪教育非常重要。因为当孩子从小懂得以礼相待时，他就会成为一个有分寸、有礼有节的人，这对形成良好的操行、品格十分有益，更容易受到周围人的喜爱和尊敬，走出优美的人生之路。

❦ 公德意识，孩子人生的第一课

8岁的金铭在妈妈的陪伴下去上学，当走在学校附近的路上时，看到一个小男孩随手就把香蕉皮扔到了地上。金铭的妈妈正要说什么的时候，只见在那个小男孩身后的一个小女孩走过去，捡起地上的香蕉皮，跑到垃圾桶旁边扔了进去。

妈妈问金铭："你看刚才那两个小朋友，哪个比较好呢?"金铭不假思索地说："当然是后面那个小姑娘喽。"

妈妈接着问："为什么啊?""因为她像我们老师说的，是一个讲卫生的人。如果她不捡起来的话，肯定会有人不小心踩在上面摔跤的。"听了女儿的回答，妈妈非常开心："你说得很好，要做一个讲卫生的孩子，不可以随便扔垃圾，就算是别人扔掉的，自己也要向那个小姑娘学习，捡起来扔在垃圾桶里。"

随着社会的进步，公民的素质显得越来越重要，如果一个人没有公德心，那么难以获得别人的赞扬，更有甚者难以在社会上立足。毕竟现在已经是文明社会了，一个人的文明礼貌已经成为了社会成员的基本素养，因此，培养孩子的公德意识也成了非常重要的一项内容。

随着生活水平的提高，有的家长极尽所能地满足孩子，却忽略了对孩子公德意识的培养，使得孩子变得没有礼貌、自私而冷漠。比如在外面吃饭的时候，有时只想到自己喜欢吃什么，不懂得平均分配；在公交车上不知道给老人和小孩让座；在公共场合不遵守秩序；更有甚者破坏环境……

这些行为都说明了家长教育的失败。作为孩子的第一任老师，如果孩子没有最起码的公德心，那么家长就必须负起责任来。培养孩子的公德意识，让孩子懂得遵守公共秩序是家长应尽的责任。

1. 公共生活的规则必须遵守

想要培养孩子的公德心，那么就要让孩子知道，公共生活当中是有规则的，而且没有例外，必须要遵守。

妈妈和琦琦去超市，过马路的时候，突然红灯亮了，妈妈赶紧拉住了琦琦。这时候，一个年轻小伙子见车辆不多，就快速穿过了马路。琦琦看见了也想过去，这时妈妈严肃地说道："不可以闯红灯，那样很危险，而且很不道德。那个人做得不对，这是生活在社会上的人必须遵守的公共秩序，我们管不了他，但是要懂得约束自己。"

琦琦妈妈的做法是对的，不管路面上车多不多，都要严格遵守交通秩序。这是一个原则问题，在规则面前没有例外，如果这次不遵守，那么就可能有下一次。作为家长，一定要将应该遵守的秩序告诉孩子。

比如要保护公共卫生，不能乱扔垃圾；要遵守公共秩序，排队不加塞等。只有孩子知道了秩序，才会去遵守秩序。家长要以身作则，告诉孩子必须遵守，直到遵守秩序成为一种习惯。

2. 公共财物需要爱护

每个孩子在成长的过程当中都会有一些破坏的欲望，作为家长，应该注意，不能放任孩子的这种天性。如果因为不是自家东西就随孩子破坏的话，除了受人指责，还会害了孩子。

作为家长，想要培养一个懂礼貌的好孩子，就必须要让孩子懂得保护公共财物，要让孩子知道保护公共财物是他的义务，他没有权利破坏公共财物。比如在文化古迹参观的时候要先带着孩子观看行为规范，要让孩子知道不能破坏文物；看到漂亮的花草也要让孩子注意保护花草的指示牌等。慢慢地孩子就会记得这些，他会主动地保护公共设施，不会加以破坏，素质自然就提高了。

3. 文明礼貌必不可少

现在有的孩子说话很刻薄，让人听了很不舒服，甚至让人哑口无言。孩子之所以会说出这样的话来，可能是没有意识到这是对他人的一种伤害，这样的孩子显然缺乏良好的教育。作为家长，如果孩子有这样的行为，那么就要反思了。

婧婧和涔涔是好朋友，一次两人一起去公园玩耍，却因为争抢公园里的石子而发生了争执。起初两人各不相让，后来，婧婧想到自己既然和涔涔是好朋友，就应该妥协，于是她准备放弃。可是，涔涔却不领情，生气地说道："你爸爸、妈妈都离婚了，你还不老实点！"听了涔涔这么说，婧婧的眼泪刷刷地落了下来。

　　涔涔只是一个小孩子，说出这样的话来可能是无心之失，但也说明了她父母对她教育得不够。一个懂礼貌的人，不应该去戳别人的痛处。我们都知道"良言一句三冬暖，恶语伤人六月寒"这句话，哪怕对于一个小孩子，如果受到别人不礼貌的语言和行为的对待，也会异常难过。要想让自己的孩子懂礼貌，父母就必须将这样的道理渗透在孩子生活的点点滴滴中。在日常生活中，不要让孩子口无遮拦，也不要让他恶语伤人。这样，孩子才会人见人爱，得到更多的友谊和尊重。

　　如果孩子习惯了口无遮拦，那么在未来的日子里，他的人缘一定不会太好。为了孩子的未来着想，父母应该及时管教孩子，让孩子懂得文明礼貌的重要性，只有这样才能真正展现出孩子的高尚灵魂。

✿ 微笑是世界上最美的表情

小唯最近心情非常不好，总是满脸阴郁，一点也不像个十几岁的孩子。其实平常小唯笑的时候也不多，这让他在同龄的孩子当中显得非常特殊。

十几岁正是喜欢玩闹、无忧无虑的年龄，但是小唯老是面无表情。因为这样，同学们也不太喜欢他。因为他们觉得有距离感，有点害怕他的冷漠，不太敢接近他。这样小唯越来越孤僻。

小唯的父母开始并没有在意，觉得每个孩子都有不同的性格，顺其自然发展就好。但是经过最近班长竞选的事，他的父母意识到了一个问题，那就是小唯实际上并不是这样的性格。

原来，小唯的学习成绩也不错，在班长竞选的时候他也报了名，但是结果他一票都没有，这让他大受打击。虽然他看起来和平时一样面无表情，但是他的妈妈知道自己的孩子心情非常不好。

为了帮助儿子，第二天小唯的妈妈去了学校，和小唯的班主任谈了谈。小唯的班主任说小唯之所以没有得到选票，是因为同学们和他之间总有距离感，不敢接近他，自然在选班长的时候也将他排除在外了。

回家后，妈妈分析了问题所在，和小唯进行了一次深入的谈话。妈妈问小唯："你平时为什么不喜欢笑呢？"

小唯想了想，说："没什么值得庆幸的事，为什么要笑呢？"

妈妈又问："那你有什么特别难过的事吗？"

"没有。"

这时妈妈笑了，她摸着小唯的头给他讲了一个故事：从前有一个内心难过的人，他绝望得想要去自杀。正当他走向河边的时候，一个小女孩迎面走来，这个小女孩看到他后给了他一个甜美的微笑。看到这个微笑，他如沐春风，之后他的内心就快乐了起来。

讲完故事后，妈妈语重心长地对小唯说："微笑能够给予别人特别的力量，对于你来说只不过是弯弯嘴角。人并不是只有开心的时候才可以笑，你又没有不开心，何必吝啬一个微笑呢？你笑的时候最好看了。"

小唯听后沉默了，当他再次抬起头的时候，给了他妈妈一个大大的微笑。

有人说，微笑是世界上最美的表情。还有人说，让这个世界灿烂的不是阳光，而是微笑。这些都是人们公认的事实，而且不分年龄，无论是成人还是孩子。不妨看看，我们生活的周围，那些最受人们欢迎的往往都是爱笑的人。因为任何人都不会去讨厌一个用甜美微笑迎接自己的人。

俗话说，没有人会对微笑的表情"免疫"。所以，想要让自己的孩子能够快乐地生活，顺利地融入集体，健康地成长，那么就要教会孩子微笑。要让孩子知道，微笑是一种神奇的力量，当你想得到朋友支持的时候，希望朋友帮助自己、善待自己的时候，那么就不要吝啬自己的微笑。

微笑是文明礼貌当中不可或缺的重要环节，想要培养孩子的良好修养，那么微笑就是必不可少的课程。

微笑是无价之宝。作为家长，都希望孩子能够拥有美好的人生，所以从现在开始，家长们就引导孩子摘下微笑这朵礼仪之花吧！

1. 让孩子感受微笑的妙处

虽然在人们的想法当中孩子是喜欢笑的，但是现在很多孩子的脸上已经失去笑容了。这时候光着急是没有任何用处的，想要让孩子重新找回微笑，就要让他知道微笑对他而言有多么重要。

张瑾最近和关系最好的朋友吵架了，其实也没有什么大不了的事，只是两个人越吵越生气，最后僵持不下，两个人只好以沉默收场。在那之后，她们两个再也没有一起上学、放学。张瑾心中非常不舒服，实际上事后她就后悔了，但是又拉不下脸来主动跟朋友承认错误，思来想去也没有结果。后来，在妈妈的建议下，第二天路上碰到朋友之后，张瑾给了朋友一个微笑。朋友愣了一会儿，然后就对张瑾展开了笑颜，两个人就这样和好如初了。

孩子不懂得微笑的精妙之处也不奇怪，不过家长们是知道的，所以家长可以教孩子通过微笑来解决一些问题。就像张瑾那样，一个微笑可以解决两个人之间的矛盾，大事化小，重新建立起友好的关系来。当然这只是一方面而已，微笑还能避免误会，给人们留下好印象等。如果让孩子知道这些，那么他自然就会开始练习微笑，逐渐地，当微笑成为一种习惯的时候，它就会融入孩子的性格当中，成为孩子性格的一部分。

2. 不要吝惜自己的笑容

情绪和打哈欠一样，是会互相影响的。如果你的孩子许久不曾笑过，那么除了你不够关心他之外，还要反思一下自己，平时的自己脸上是怎样的表情呢？当你工作一天之后，拖着疲惫的身体回家，孩子非常兴奋地跟你讲学校发生的新鲜事的时候，你是怎样做的呢？表现出烦躁的样子还是敷衍孩子？

无论是哪一种，都是负面的情绪。如果你的孩子每天看到你闷闷不乐，愁眉苦脸，那么他在你的面前也无法绽露笑容。

既然笑容好处多多，那么从家长开始练习微笑吧。每天早晨，都给孩子一个灿烂的笑容，让孩子在感受你关怀的同时也感受到快乐；在孩子失意的时候不要一味批评孩子，给孩子一个微笑让他得到力量……

微笑可以无处不在，当你将孩子包围在一个微笑的世界中之后，他就会慢慢习惯微笑，逐渐绽露笑颜。

当然，你给予孩子什么样的笑容，他所接受的就是什么样的笑容，不要敷衍，也不要强颜欢笑，只有发自内心的笑容才是最真实、最完美的。家长做到这点，孩子才能真正认识微笑，习惯微笑。

✦ 说一句"谢谢"并不难

星期天，李磊的爸爸约了几个好朋友来家里吃饭。这几个朋友都是爸爸的"死党级"哥们儿，经常来家里一起玩。所以他们来到李磊家就跟自己家似的，毫不拘束。李磊一家也不拿他们当外人。

这次，有一位叔叔给李磊带来了一个非常漂亮的汽车模型，而且是李磊最喜欢的"兰博基尼"。李磊接过汽车模型便端详起来，喜爱之情溢于言表。可是，他却没有向叔叔表示谢意。此时，李磊的妈妈从厨房里出来看到了车模，忙问李磊有没有谢谢叔叔。李磊憨笑了两声说道："叔叔又不是外人，不用说谢谢了吧。”送他车模的那个叔叔也在一旁附和：“就是嘛，我们都是自己人，何必客气？”

李磊的妈妈听了，对儿子说道：“自己人送了你礼物也要说声谢谢呀！你忘了你看过的故事书里小浣熊是怎么向自己的家人表示感谢的吗？”听了妈妈的话，李磊仍旧憨笑了两声，没有任何表示。妈妈要忙于做饭，没时间再继续跟儿子讲道理，就无奈地摇摇头离开了。

等客人们走后，妈妈来到李磊房间，严肃地说：“叔叔送给你礼物，你为什么连一声谢谢都不说呢？”

李磊噘着嘴反驳道：“叔叔总来我们家，我都把他当好朋友了，干吗还非要说谢谢嘛！”

妈妈觉得孩子在这一点的认识上存在误区，有必要好好教导一下儿子。于是，妈妈对李磊说道：“宝贝，你想过没有，叔叔送车模给你，难道就是人家应该的吗？虽然叔叔不是非得要你说声谢谢，但是，如果你说了，叔叔是不是会更开心呢，而且也会显得你更有礼貌呢？”

妈妈讲完这段话，李磊眨巴了几下眼睛，似乎明白了其中的道理。他认真地点点头，对妈妈说道：“看来还是妈妈说得对，我不该因为觉得叔叔是自己人就这么不懂礼貌，以后我一定会注意的，谢谢妈妈告诉我这个道理。”

有人说，熟悉的朋友之间表达谢意太过生分，也有人说受人滴水之恩，就当涌泉相报。对于孩子来讲，他会不会向别人表达自己的谢意，关键就在于小的时候养成了怎样的习惯。如果从小时候开始就懂得感激，并用语言表达出来，那么长大后他就不会认为感激的话藏在心里即可，而不用说出来。

实际上，是否表达感激之情对给予自己帮助的人是会产生不一样的感受的。我们的感激能让对方感觉自己的付出得到了认可和尊重，否则就会觉得这人真不懂礼貌，帮助他却连谢意都不懂得表示。

两相比较，哪种情况会促进人们关系的和谐显而易见了吧？再者说，表达谢意体现的是孩子的一种感恩之心，一个不懂得感恩的孩子也很难有美好的未来。所以，作为家长，如果真的为孩子的未来着想，那么从小就要培养孩子懂礼貌的习惯，要让孩子学会感恩。

1. 榜样的力量无穷大

家长对孩子的影响非常大，家长的不良习惯可能会影响孩子。同样地，如果家长能够起到表率作用，那么孩子也会向着你的方向看齐。

娜娜和强强是非常要好的朋友，但是他们的性格截然不同。娜娜很有礼貌，强强正好相反。娜娜平时经常带一些自己喜欢的零食给强强，但是强强从来没有说过一句谢谢，在他看来这是理所当然的事。原来这两个孩子性格差异这么大和平时他们所接受的教育分不开。娜娜的家庭当中充满了和谐的氛围，家庭成员之间都很有礼貌，在感恩节的时候全家还会一起过。相比之下，强强家的氛围很不好，他的父母还经常"出口成脏"，时间久了强强也被同化了。

想要让孩子养成懂文明、讲礼貌的好习惯，家长就要树立一个良好的榜样。家庭成员之间也要时常说"谢谢"，在日常生活中这样潜移默化的影响会让孩子养成一种习惯。当孩子将感谢当作理所当然的事情的时候，家长们就会发现日常当中的榜样作用有多重要。

2. 让孩子从感恩意识开始

很多时候孩子的行为都是从意识出发的，因此，要想让孩子学会说"谢谢"，就要培养孩子的感恩意识。

感恩意识的培养也不是一时的工作，家长要通过平时的教育，渐渐地让孩子产生这种意识。途径和方法有很多。举例来说，家长在给孩子讲故事的时候，可以将这种思想渗透给孩子，选择一些以感恩为主线的小故事，通过这些故事，或许孩子能够受到启发，还可能在生活中进行模仿，当这种模仿成为一种习惯的时候，感恩的意识已经深入孩子的心中了。

或者，家长可以鼓励孩子多参加一些助人为乐的活动，通过帮助他人，从他人口中感受"谢谢"的含义，逐渐地孩子也会有一种感恩意识。平时多让孩子学会对周围的人说"谢谢"，即便是父母，这样才能让感恩意识深入孩子心中，才能让它有机会成为一种习惯，影响孩子的一生。

✦ 像对待陌生人一样对待孩子

彬彬一家在吃晚饭。当彬彬把碗里最后一口米饭吃完后，就把空碗推到一旁的妈妈面前，对妈妈命令道："再给我盛一碗去！"妈妈去厨房帮他盛完饭回来，彬彬连声谢谢都没说，就狼吞虎咽地吃起来。

吃饭的时候，彬彬把自己最喜欢吃的清蒸鲈鱼端到自己跟前，一点不顾及家人。等吃完饭后，彬彬放下碗筷，跑到客厅坐在沙发上看电视去了。看了一会儿，他感到口渴，就对正在厨房洗碗的爸爸说："我渴了，给我端水!"爸爸赶紧放下手里的活，拿着彬彬的杯子给他倒了一杯水。彬彬只是伸出手来接水，而眼睛根本没离开电视屏幕。

类似的情景天天在彬彬家上演着。虽然彬彬的父母对于儿子的行为也有点发愁，但他们却一再容忍着、"坚持"着。他们认为孩子还小，等长大了自然就知道该怎么做了。他们甚至还觉得，孩子在学校肯定不会像家里这么舒坦，那就赶紧趁孩子在家的时候多对孩子"好"一些。

也许像事例中彬彬父母这样的家长大有人在，他们把孩子视作宝贝疙瘩一样"供奉"着，对于孩子不礼貌的言行并不介意。只是不知道这些家长想过没有，当你的孩子在同学们中间、在其他外人中间也这样命令别人的话，那么别人会怎么看他呢？这样的孩子长大后怎么能得到别人的尊重？又能有什么作为？

家长不应该过度纵容孩子，如果孩子习惯于命令式的口吻，那么在别人眼里不仅孩子没有礼貌，别人还会说孩子的父母不会教育孩子，这样的孩子是很难交到朋友的。相信，这样的结果是谁都不愿意看到的。

在家长眼中，自己的孩子就像一个天使，而家长们也希望别人眼中自己的孩子一样可爱，这就要孩子从小养成懂礼貌、懂感恩的习惯。要想让孩子养成这种习惯，那么家长有时不妨把孩子当作陌生人来看待。在这样的一个环境当中，孩子才能成长为一个懂礼貌、知感恩的好孩子，未来的他才能收受到别人的敬重。

1. 家长要成为孩子的榜样

英国著名教育家斯宾塞说过："野蛮产生野蛮，仁爱产生仁爱。"由此可以看出，父母本身的态度对孩子的影响十分深远。所以，父母要身体力行地尊重家人，对家人客气地讲话。比如经常对对方说"谢谢"、"对不起"、"请"等，这些被身边的孩子看在眼里，他自然会学习，这样就会在潜移默化中让孩子学到对他人客气的言行和举动。

2. 让孩子感受到他人的情感

对于孩子而言，说教永远不如感受来得直接。他们接触这个社会的很多经验都是从感受当中获得的，所以家长如果能够让孩子感受到他人的情感，那么孩子慢慢就会学会付出自己的情感和敬重。

赵刚和同学打架，因为他个子高，所以同学打不过他。在回家的路上，赵刚得意忘形，丝毫没有意识到自己错了，没想到一个不小心摔倒了。在他放声大哭的时候，他的爸爸没有上来扶他，这让赵刚很委屈。他爸爸对赵刚说："你摔了一跤就觉得疼，那挨你打的同学也一样疼。你觉得我应该扶你起来，我没有扶你一把你就觉得委屈；你的同学也认为你们是朋友，所以你不该打他。"从那之后，赵刚明白了要尊重自己的同学。

理解是人与人交往当中不可或缺的重要因素，孩子只有学会理解，才能懂得为他人着想。家长应该培养孩子的这一习惯。换位思考是最好的办法。比如孩子对别人不客气的时候，家长可以引导孩子站在他人的立场上去体会一下感受，这有助于孩子理解他人。长此以往，孩子对家长也会多一分恭敬，不会过度任性，也不会不懂礼貌了。

Part2 成 "人" 比成 "才" 重要

　　作为父母，都希望自己的孩子成龙成凤，有一个美好的人生，但要想培养一个人才，首先要培养孩子成为一个真正的人。不能成为一个真正的人，就不可能成才，即使成 "才" 了，也很可能发生各种问题。所以，父母不仅要指导孩子学好功课，发展他们的智力，更重要的是要培养孩子健全的人格，为他们将来的成才打下坚实的基础。

✦ 学会做人，才能学会做事

　　十几年前，在外国的一所大学里发生了一起震惊世人的血案。一个平时表现十分优秀的学生，因为忌妒各方面都很优秀的同学，再加上自己找工作受挫，他残忍地杀害了包括校长、系主任、同学在内的 6 个人，然后开枪自杀。

　　事后，据心理专家介绍，这位学生是一个性格孤僻、没什么朋友、心胸狭隘的人，这起血案发生与他的畸形性格有着直接的关系，而这主要源于他所受的家庭教育和学校教育忽视了对他的做人教育。

可见，一个人即使学历再高，能力再强，如果没有接受来自家庭的良好教育，也极有可能造成巨大的负面影响。所以，父母对孩子的做人教育要永远放在第一位，从日常生活中的每一件小事做起，引导孩子做一个真诚善良、堂堂正正的优秀的人。

我国著名教育家陶行知先生曾经说过："千教万教，教人求真；千学万学，学做真人。"可见，做人是教育的第一要务，也是教育的根本任务，更是家庭教育的根基所在。

因此，真正有智慧的父母，就要把培养孩子成"人"放在比成"才"还要重要的位置上，将孩子培养成具有独立人格和各种优良品质的人，这样的孩子在长大后才能被称为真正的"人才"，才能够适应不断变化发展的社会和时代。

1. 父母以身作则，为孩子树立品格高尚的榜样

父母们可能自身都会有所体会，自己身上的某些好品质、好习惯并不是长大后才形成的，而是在小时候父母的影响下逐步培养起来的。相应地，孩子的一些不良行为固然可能会受到一些不良因素的影响，但最根本的还是父母没有给孩子树立一个好榜样，没能帮助孩子培养出高尚的人格品质。

一个叫多多的小女孩，在外面一旦和小朋友起了冲突，就伸手打别人，嘴里还总是说一些脏话骂小伙伴们。在多多看来，自己这样做很正常，但是她这种表现引来周围小朋友们的反感，大家都不喜欢和她一起玩。其实，多多的妈妈就是这样一个缺乏教养的人，她在家里稍有不如意就打骂孩子和丈夫，耳濡目染下多多也就学会了这种行为，有现在的表现也就不足为奇了。

2. 别把小事不当回事

发生在孩子身上的很多问题有时被成人认为是小事，孩子不懂得和小朋友或家人分享，父母就说"孩子还小，大了就好了"；孩子随意抢别人的玩具、随便打人，父母就说"孩子还小，不懂事，大了就好了"；孩子不好好吃饭、随意浪费粮食，父母就说"这是小事，孩子还小，大了就好了"。

然而，这些对于孩子而言都不是小事。有一句老话是"三岁看大，七岁看老"，孩子幼时看似微不足道的小问题，却可能对他有深远的影响，而一个良好的行为也会让他以后的人生受益良多。

父母不要以为"树大自然直"，如果不注意从小事中培养孩子良好的品行，而是放任他的小缺点，等到孩子慢慢长大了，他的小缺点就会被放大成大缺点。而孩子小时候的小优点如果加以保护和鼓励发扬，随着他的成长，也会放大成大的优点。

3. 从孩子的角度出发，降低自己的标准

父母大都听过这句话："不要用自己的标准去衡量别人。"在培养孩子的过程中也是如此，父母不可以将自身的观点和看法强制性地加在孩子身上，而应该为孩子提供良好的成长环境。如果说家是孩子来到这个世界的第一所学校，那么父母就是他们的第一任老师，父母的言行举止、说话的语气和面部表情都会对孩子产生很大的影响。

蓓蓓的爸妈开着大公司，由于忙于工作，蓓蓓就由保姆照顾。有一天，蓓蓓的妈妈穿了一件非常漂亮的外套，保姆阿姨直夸好看。等妈妈走后，蓓蓓就问保姆："阿姨，你喜欢妈妈的那件衣服吗？""当然喜欢啊，但是阿姨买不起。"第二天，妈妈出门后，蓓蓓就擅作主张将那件衣服送给了保姆。蓓

蓓妈妈知道后大发雷霆："你凭什么把我那么贵重的衣服送给别人？她能给你什么？"

蓓蓓妈妈的教育方式很明显是错误的，作为父母，她教育自己的孩子要有目的性地去与人交往，这样定会将孩子教育成一个贪图小利的人，这样的人长大后是不会有真正的朋友的。

而正确的教育方式则是当蓓蓓那样做的时候，她的妈妈要先夸奖自己的女儿懂事，鼓励她那是正确的做法，然后再说其他的，比如"你要将妈妈的东西送人就应该先同妈妈商量，否则是不对的"。

总之，在培养孩子的过程中，父母需要有一颗善感、善悟、善思的心，能够抓住孩子在小时候的每一个好的或坏的行为，进行正确的引导。就像我们尊重一棵树苗的生长规律并用心呵护和浇灌、培养它，相信它终究会成长为一棵参天大树。

❀ 如何塑造无穷的人格魅力

钟瑞是初一年级的学生，刚升入新年级不久，他俨然成了班级的中心人物。上自习课的时候，他说一句"请大家安静"的话，比班主任唠叨半天都管用；班上有个调皮捣蛋的小男生，谁都不服就是服钟瑞，每次打扫卫生都有理由的他，可只要钟瑞一说，他就马上忙碌起来。

班主任老师渐渐发现了这些奇怪的现象，于是找来几个班上的同学询问究竟，没想到孩子们竟异口同声地回答："他有魅力啊，老师！"

或许在孩子们的字典里，"魅力"还是一个有着模糊概念的词，但是他们通过电视、网络等媒体对"魅力"一词有了一定的感知。孩子们用他们稚嫩的心灵对"人格魅力"这个词语有了一定的理解和体会，并且毫不掩饰自己对那些在他们看来拥有人格魅力的同学的崇拜和景仰，而且还会把他们作为自己模仿和学习的对象。

其实，即使成年人，也难以对"魅力"一次下多么确切的定义，它更多的是来自于我们内心的一种感受。有时候，我们和有些人即使只有一面之交，就能被对方深深吸引，让我们喜悦，让我们欣赏，这就是人格魅力。

看到这里，一定会有家长说："我家孩子连老师教的知识还没掌握呢，平时也不听大人的话，将来连大学恐怕都难以考上，还谈什么人格魅力！"这是不是说明在这些家长眼中，掌握技能要比人格魅力重要得多呢？

不可否认，到现在为止，还鲜有教子书籍将培养孩子的"人格魅力"作为关注点。这主要是因为，一方面，"人格魅力"往往是很多种品质的综合，单独拿出来说的可操作性偏弱；另一方面，可能多数教育专家认为对孩子讲"人格魅力"为时尚早，因为孩子们甚至还不能理解"魅力"究竟是个什么东西。

然而事实上，人格魅力本身包含着极为广泛也极其深刻的内容。一个充满人格魅力的人，可能源于他时刻散发着自信的光辉，也可能源于他幽默机智的谈吐，抑或是他彬彬有礼的绅士做派……总之，对孩子进行"人格魅力"的培养是一个相当大的话题，如果放开了去谈，恐怕一整本书也未必说得清楚。所以在此，我们只讲述比较大的几个方面，而关于更细致的问题还需要父母提高自身修养，给孩子言传身教的影响。

1. 为孩子营造一个民主、和谐的家庭氛围

在很多教育思想中，这一点我们都曾经提到过。这一点看似老生常谈，但却是孩子健全人格形成的基本保证。

一个民主、和谐的家庭气氛，才能培养出有着积极主动的生活态度的孩子，使孩子能自觉地参与家庭活动。

父母之间的互相爱护、关心、体谅，对长辈能够尊重、照顾、体贴，对孩子做到严爱适度，这些都能够使孩子正确地认识和评价自己，形成自尊、自信、自主、自控、亲切等积极情趣。但是，如果孩子生活在一个充满争吵、矛盾的环境中，他们就容易缺乏安全感，进而对人不信任，有时甚至还会有暴力倾向。

2. 培养孩子生活的自立能力

教育的职业绝非是让孩子完全听父母的话，顺从父母的意思，而是让孩子能够独立地成长，即使离开父母的庇护也能够坦然面对生活的挑战。

而现实中，很多父母对孩子颇具牺牲精神，为了孩子自己什么都可以付出。这样虽然是一种爱，但这种过度的保护扼杀了孩子独立的要求，使本来可以成长为富有创造性、精力充沛、信心十足和勇敢无畏的孩子却变成了畏缩、举棋不定、胆小软弱的孩子。

或许这样的孩子"很乖巧"，但却往往没有自立的能力，若如此，又谈得上什么人格和魅力呢？

和任何品质一样，人格魅力的形成也不是一朝一夕的事情。所以，父母们要持有耐心，并坚定不移地帮助你的孩子塑造无穷的人格魅力。若如此，你的孩子势必成为受人欢迎的人，这将为他将来成为一个成功者打下坚实的基础。

❁你自尊自爱，方能受人尊重

一天，蕊蕊的妈妈接到老师打来的电话，说发现蕊蕊在饭馆请同学吃饭，让她问问是怎么回事。

等蕊蕊放学回来，妈妈问她："你是不是请同学吃饭了？"

蕊蕊支支吾吾地说："是这样的，我前几天当上了合唱团的团长，同学们让我请客。"

"他们让你请客你就请客，你这么听他们的话？你们刚上中学，才多大的孩子啊！动不动就请客，这是什么坏风气！"妈妈说。

"他们也请过我，我不好意思不回请人家。"蕊蕊回答。

"那你请客的钱是从哪里来的呢？"

"是……是我从爸爸钱包里拿的。"蕊蕊的声音小得像蚊子低嗡。

"你爸爸的钱包？你怎么找到你爸爸的钱包的？"

"趁他洗澡的时候，从衣服里拿的。拿了100块钱。"

妈妈想发火，可是忍住了，问她："你知道自己错在哪里了吗？"

"我……我不该拿爸爸的钱。"

"可是同学让你请客，你没有钱怎么请呢？"妈妈问蕊蕊。

"这，我也不知道。"

"蕊蕊，你们还小，在学校的主要任务是学习，不要动不动就学社会上互相请客吃喝的坏习气。再说，你虽然是拿爸爸的钱，可这也是小偷的行为，这些你都知道吗?"妈妈语重心长地说。

"我知道错了。"蕊蕊真诚地对妈妈说。

"还有，以后遇到这种事情要诚实地和爸爸、妈妈说，不应该瞒着我们请同学吃饭，更不应该私自拿爸爸的钱。如果你告诉了我们，我们会和你一起想办法，这样不是更好吗?"

"我知道错了妈妈，以后一定会改的。"

"好吧，妈妈相信你，知错就改还是好孩子。"

自尊自爱，是生命的节拍。自尊的人懂得自爱，不自爱的人无自尊可言。如花般娇嫩、如初阳般富有朝气的孩子们，无不渴望得到他人的关爱和尊重。可是怎样达到这一点，就需要父母在养育孩子的过程中多下点功夫了。其实，我们的古人早已给了我们最好的答案——"欲人尊己先自尊，欲人爱己先自爱"，简单来说，就是自尊自爱。自尊，是尊重自己，不向别人卑躬屈膝，也不容别人歧视侮辱。自爱，是爱惜自己的生命，爱惜自己的人格，爱惜自己的名誉。

因此，请父母们和你的孩子一道踏着自尊自爱的生命节拍欣然前行吧。

孩子正处于成长期当中，犯错误是非常正常的，但是家长在教导孩子的时候一定要端正态度。这个事例中的妈妈用"微笑面对孩子的错误"的宽容态度使孩子认识并改正了错误。她的教育方法无疑是成功的，既没有大动干戈，打击女儿的自尊，又很好地保护了女儿独立面对问题的自信。有这样一个好妈妈，相信蕊蕊在以后的成长道路上一定会信心十足地面对各种问题。

孩子正处于敏感的成长阶段，这个时候孩子的自尊心也是非常强的，所以家长在教育孩子自尊自爱的时候要注意方式，这样才能让孩子真正地理解自尊自爱。

1. 自尊自爱不等于软弱

不少家长在培养孩子时，由于观点错误，导致不少孩子从小性格就比较软弱，遇到比自己强大的孩子，不管是什么要求都会无条件地做出让步，家长却还表扬孩子听话、乖巧，从而加剧了这种状况。其实这对于孩子将来的成长十分不利，这也不是自尊自爱。

依依是个温顺的孩子，家长教育她为人要谦和，这才是自尊自爱，和别人争吵是会有损自己的尊严和形象的。在这样的教育下依依变得非常软弱。学校的同学随便翻她的东西，还拿她的文具用，但是依依谨记父母的教诲，保持着自己该有的"尊严"，即便心里不愿意也从来不拒绝，使得她越来越软弱。

因为孩子对自尊自爱认识错误，使得自己越来越软弱，被人欺负成为了一种习惯。趁着孩子性格还可以塑造的时候，家长就要及时纠正孩子那些错误的想法。

2. 平等待人让孩子与众不同

家长要想让孩子理解自尊自爱，就要让其明白何为尊重。家长要让孩子懂得尊重别人的道理，不管对方是什么身份都要尊重对方。让你的孩子知道，所有的人和我们是平等的，他们也是通过自己的劳动来获取报酬，只是不同的职业有不同的特点而已，这不应该成为我们衡量一个人价值的标准，他们都应该获得同等的尊重。

当然，父母也要让孩子明白，不管爸爸、妈妈是什么职业、什么身份，他们都是用自己辛苦劳动得到的报酬养家，所以都值得尊重，他们诚实做人，踏实做事，应该为他们感到自豪。不管是出生在什么样的家庭里，每一个人都应该而且可以通过自己的努力来拥有精彩的人生。当孩子真正理解尊重的含义之后，更会懂得如何尊重自己。

3. 学会尊重你的孩子

孩子正处于敏感的年龄，家长应该要先尊重孩子。如果孩子在你的面前都得不到尊重，那么你要孩子站在什么位置上自尊自爱呢？即便孩子犯了错误，家长也要用理智的方式管教孩子，而不是不分青红皂白地进行粗暴式的教育。聪明的家长，在孩子犯了错误之后会考虑到错误的程度，并找出恰当的方式方法，引导孩子以积极的心态自我反省，以乐观的心态改正错误，让错误成为他们成长中的垫脚石，并促使其不断地超越和完善自我，将错误转变成良好的开端。

Part3　做自己喜欢的事，成功并不难

　　父母们总喜欢为孩子做种种人生规划，但很多时候，做一件事能否成功，并非在于能力的大小，而在于自己是否喜欢。让孩子做自己喜欢的事情吧，不要在乎是否成功。慢慢地我们就会发现，孩子增强了生命活力，增添了生活的内涵，也彰显了生命的价值。

❀兴趣，让孩子自己选择

　　张华是个普通工人，因此，他特别希望自己的女儿阿珍将来有出息。阿珍今年才上幼儿园中班，他就想着让她参加一个培训班，争取比同龄孩子领先一步。

　　有一天，一个同事说："阿珍的手指这么长，将来一定能成钢琴家！"这句话，让张华动心了。于是，他不顾老婆的反对，第二天就从银行取出一大笔钱，买了架昂贵的钢琴，让阿珍参加了钢琴班。

　　不过，阿珍并不喜欢钢琴，她真正的兴趣是滑冰。每次，她弹着弹着就哭了，认为爸爸不理解自己。就连妈妈也劝爸爸："既然她不喜欢，就别逼她了！"

谁知道爸爸暴跳如雷，说："那怎么行！她就适合弹钢琴！她必须学！"

一天，阿珍又是一个人在家里练钢琴。看着外面飘零的雪花，她又一次忍不住哭了。愤怒之余，她拿起胶水把琴键给粘上，然后害怕地跑出了屋子。她孤单地走着，突然在一条繁华的路上被汽车撞倒，造成了高位截瘫。

父母总以为自己的人生阅历丰富，因此就要为孩子规划未来的路。表面上看，父母这么做是在帮助孩子，但这样的行为其实并不利于孩子的发展。孩子虽然小，但他也有自己的兴趣爱好，父母的强制要求，只能让他失望，更是一种不尊重孩子的表现。

更重要的是，父母的规划，就真的适合孩子吗？我们总说"兴趣是孩子的老师"，强迫孩子去学不感兴趣的东西，又谈何让他去做"生活的主人"？

阿珍的事故，相信每个父母都会感到心痛。在心痛之余，父母更应该看到：阿珍之所以出意外，就是因为爸爸的强加干涉，让她学习根本就不喜欢的钢琴！

这样的故事很极端，但是，这样的父母却不少见。如今有不少的孩子，一切行为都被父母掌控，哪怕是自己的兴趣爱好。如果父母的兴趣与孩子的兴趣相一致，那么事情就会顺利许多。但是，如果孩子的兴趣爱好与父母有偏差，那么最终的结局就是孩子屈服于父母。

父母们有时会想："小孩子懂什么，还是应该听大人的！毕竟，我比孩子有更丰富的人生经验！等他长大后，他一定会感激我的！"

父母的话看似有理，但是，如果家长这样专制，那么孩子就只会有两种结果，一种是习惯性地听从父母的安排，但是很难在不喜欢的事情上有很大的作为，另一种可能就是孩子产生严重的逆反心理。

父母要明白，孩子喜欢什么，这是他的个人权利，父母没有强加干涉的资格。因为，孩子也是一个人，他有独立的人格。父母应当做的是顺其天性，对孩子的兴趣进行正确保护和培养，让兴趣成为孩子走向成功之路的导师，而不是强迫他做出改变。正如著名的心理学家皮亚杰说的那样："强迫工作是违反心理学原则的，而且一切有成效的活动，都必须以某种兴趣为先决条件。"

对于每一个父母来说，尊重孩子的兴趣爱好，这比物质奖励更重要。当孩子做自己感兴趣的事情时，他往往能够全力以赴；相反，如果父母要求孩子放弃他极感兴趣的事情，做一些孩子不喜欢做的事情，孩子必然会与父母发生冲突，造成令人后悔莫及的后果。

1. 尊重孩子的兴趣

看到孩子找到了自己的兴趣点，父母首先应当告诉自己："这是他自己的事，我们没有权利干涉！"父母不能把自己的兴趣、愿望甚至自己没有实现的理想一股脑强加在孩子身上，让他感受不到父母的尊重。

不仅是尊重，父母更应该学会鼓励："孩子，既然你喜欢唱歌，那么就请你大声地唱吧！快元旦晚会了，你可不要忘记报名哦！爸爸、妈妈都等着，你将来成为一个大歌星！"

2. 善于发现孩子的兴趣

对于年龄较小的孩子来说，有时候他们不能清晰地把握自己的兴趣爱好，这个时候，父母就应当予以适当的帮助。如果父母发现孩子在某些方面有长处、有天赋，那么就应该帮助他多巩固，并鼓励他做与自己兴趣相关的事。

例如，如果你发现孩子很喜欢查数字，那么你可以告诉他："宝贝，你这么喜欢数字啊？那教你加法怎么样？到那个时候，你会发现数字更美妙！"

但是，如果孩子在中途失去了兴趣，难以让他喜欢上的话，那么家长也不能强迫。

茹茹因为一个偶然的机会听了一首很好听的德语歌，她觉得好听，就自己摸索着发音，最终学会了这首歌，还在学校的表演上"火"了一把。茹茹爸妈发现后没有丝毫犹豫，给茹茹报了德语班进行学习。但是茹茹发现她并不喜欢德语，虽然她也坚持了一段时间，但她发现自己真的不喜欢。当她告诉妈妈自己不喜欢的时候，她妈妈就很生气地说："你就是没有常性，是你说喜欢我们才给你报的班。"茹茹觉得很委屈。

3. 培养孩子的兴趣

一般来说，孩子的兴趣具有跳跃性和情境性，有时还会表现出隐形，即为好像没有兴趣爱好，或者兴趣爱好很广。这个时候，父母不妨带着孩子多尝试，去爬山、去跑步、去唱歌、去读书，以此让孩子找到自己的兴趣点，再进行巩固与提高。

其实，每一个孩子对未来都有着美好的憧憬，他愿意为此而奋斗、而坚强。而实现这一目标的渠道，正是通过对兴趣爱好的努力。所以，别太干涉孩子的兴趣爱好，放手让他自由地飞翔吧！

✦ 捕捉孩子的兴趣点，然后放大

李坤眼看着就要升入初中了，和周围人相比，他好像轻松很多。周围的很多同学都被繁重的课业压得喘不过气来，但是李坤就像是有用不完的精力一般，每天都精神饱满，上课不打瞌睡，课余还有精力和同学打闹，学习成绩也保持得很好。

在同学眼中，李坤就像是"天才"的代名词。因为他学习从来都不吃力，也没有愁眉苦脸的样子。之所以李坤能够这样快乐轻松地学习，并不是因为他的智商异于常人，而在于他从学习当中找到了一个新的世界。因为对学习产生了兴趣，所以他对待学习也非常主动，从来都不会觉得学习是一种任务，反而更像是一种放松。

在学习当中，他找到了属于自己的乐趣，所以他不觉得痛苦，能够主动地去学习。这还要归功于他父母。在李坤小的时候，他也不喜欢学习，甚至很厌恶学习，不想去学校。但是他的父母并没有因此对他失望，更没有放弃他，而是培养出了孩子学习的兴趣。

比如，李坤非常喜欢飞机模型，也很喜欢器械，他的父母就找到很多有关于器械的应用题，这样枯燥的数学也变得更有意思了。他的爸妈还时常找一些有关于飞机的文章，以此培养儿子学习的阅读兴趣。他们还时常找来一些原文书籍，因为儿子的兴趣，他会查阅各种英语单词辅助阅读。

因为兴趣和学习有了契合点，李坤不再那么排斥学习了，反而会很主动地去学习。遇到一些学习上的困难他也努力去攻克，通过日积月累，他的知识变得很广泛，他也已经习惯于阅读，习惯了自主学习。

现在的李坤迫不及待地想要升入中学，因为中学的化学和物理能够让他更多地了解自己喜欢的东西。

对于任何一个人来说，感兴趣的事情永远都不存在阻碍。因为喜欢，所以会排除万难。反过来说，因为没有兴趣，所以有的事情对于我们而言枯燥乏味，这就更不用说孩子们了。孩子没有很好的自控能力，对于他们而言，喜欢就是喜欢，讨厌就是讨厌，他们的感觉很直观，表现也很直观，也正因为这样，当他们不喜欢学习的时候，家长会觉得很无奈。

其实，孩子并不一定会抵触学习，关键在于他们是否能够从学习当中找到自己的兴趣。就像李坤那样，当他讨厌学习的时候，学习对他而言只是折磨，没有任何乐趣。但是，当他从中找到自己的兴趣的时候，学习就变成了一件有意思的事情了。

对于孩子而言，兴趣就是认识世界、了解世界的动力。他们的认知还在发展当中，喜好也经常会发生变化，这就需要家长捕捉孩子的兴趣点，然后放大，引导孩子将兴趣和学习结合到一起，就像李坤的父母那样做，孩子就会渐渐地对学习产生兴趣。

1. 想办法稳固孩子的兴趣，时刻留有新鲜感

孩子处于多变的年龄，对于他们而言，很难决定自己未来的走向，因为他们可能今天喜欢画画，明天就喜欢钢琴了。对于孩子们的善变，很多家长都感到很苦恼，但是靠说教也没有用，这就需要家长的帮助了。

比如，在孩子喜欢什么东西的时候，家长可以适当地先观察一段时间，看孩子是不是真的喜欢。当家长发现孩子的兴趣之后，就要将孩子的兴趣点放大，多找一些他感兴趣的内容。比如孩子喜欢动物，那么在节假日家长可以多带孩子去动物园，平时多给孩子找一些和动物相关的书籍，等等。这样能够帮助孩子加强他们的兴趣，在他们能够保持新鲜感的同时，也稳固了他们的爱好，让他们的学习兴趣越来越浓厚。

2. 方式要灵活多变

孩子是善变的，因此要想让孩子养成一种习惯，就要注意方式。如果方式灵活多变的话，那么孩子学习起来就会觉得有趣，也就能逐渐养成习惯了。

举例来说，利用游戏就是一个很好的途径。爱玩是孩子的天性，没有哪个孩子是会排斥游戏的，所以家长不妨将一些学习的因素融入游戏当中，寓教于乐。和孩子一起做实验，或者是和孩子一起做标本等，都会让孩子觉得有趣。即便家长最终会退出孩子的游戏，但是孩子会养成在学习当中寻找乐趣的习惯。

3. 家长的支持很重要

每个孩子都希望得到父母的认可，所以在孩子发现了自己的某个兴趣之后，家长要给予肯定，多表扬和鼓励，这样才能让孩子的兴趣点不断放大。

莎莎刚上小学四年级，她的绘画作品就已经在市里获奖了。谁也想不到，莎莎学习画画才仅仅两年的时间而已。为什么她有这样的成绩呢？因为她的家长给予了她极大的支持。刚开始莎莎只是觉得画画有意思，但是画的是什么都看不出来。她的妈妈不仅没有打击她，反而鼓励她，每当她有一点进步就表扬她，渐渐地，莎莎更喜欢画画了，这也成为了她的特长。

家长对孩子的影响力一直很大，所以家长的态度也决定了孩子的进步。如果你的孩子喜欢上了某件事，可能他意识不到这是兴趣，那家长就要引导孩子发现自己的特长。培养孩子学习的兴趣，进而使孩子的兴趣成为学习的前提和习惯。

✤ 用心呵护孩子的梦想

　　对于五年级的孩子们来说，他们即将面临人生中的第一次重要抉择。在周围的孩子们都为了学习感到头疼的时候，小柯却非常开心，一点也不像是要面临大考的孩子。之所以小柯这时没有那么紧张，除了他平时学习成绩就不错以外，还因为他又接近了自己的梦想一步。

　　在小柯很小的时候，他就喜欢上了各种各样的颜料。在他眼中，色彩的美丽无与伦比。发现了孩子的这个喜好之后，小柯的爸爸、妈妈开始让小柯接触一些画作。没想到的是，小柯对绘画产生了非常浓厚的兴趣。

　　因为儿子喜欢，小柯的爸爸、妈妈就开始给小柯学习美术的机会。当他们问到小柯未来的梦想是什么的时候，小柯说无论如何都要做一个街头画家。妈妈听了之后有些奇怪，问他为什么要做街头画家。没想到年纪不大的小柯却说得非常明确，他说："我要背着自己的画板四处看看，每当看到好的风景就停下来，全部记录到纸上。我要画出所有美丽的风景，不要困在屋子当中画画。"

听了儿子的话，小柯的父母没有阻止儿子，而是鼓励他说："那么你先要好好学习美术。还要学好文化课，才能更加接近你的梦想。总有一天，你期望的会成为现实。爸爸、妈妈相信你，你也要相信自己才行，无论遇到什么困难都不可以放弃哦！"

因为父母的鼓励和支持，小柯在一个被梦想所充盈的环境当中成长。面临着升学，他信心十足，因为他又离自己的梦想近了一步！

梦想是非常宝贵的，每个人都有属于自己的梦想，没有梦想的人生也就没有了目标，失去了它该有的绚烂多彩。孩子们也有梦想，他们的梦想或许不切实际，但他们一定是认真的。家长应该要保护孩子的梦想，有了梦想，孩子才有了前进的动力，才能勇于向前。

明天是以现在为基础的，家长应该要让孩子知道这一点。有梦想是好的，但是要行动，要追逐，要为明天做准备，时刻想着自己的梦想，将它当成自己的一种习惯，当成生活当中的一部分，这样孩子们才能时刻不忘奋斗，才能创造出光辉的未来。

那么怎样呵护孩子的梦想呢？在这个问题上，家长一定都深入思考了很多。先不说其他方面，很重要的一部分就是父母要保护孩子的梦想，而不是帮孩子实现梦想，更不是为孩子寻找梦想。在孩子追逐的过程当中，家长要当一个配角，更不能将自己的梦想强加到孩子的身上。那么家长应该如何将梦想转换成孩子的一种习惯呢？

1. 帮助孩子将梦想转化成目标

几乎每个孩子在小的时候都有过关于"我长大了做什么"的构想，或者是平常父母和孩子的玩笑，也或者是老师布置的功课和作文。诚然，孩子的答案充满想象力，这无可厚非，因为对一个孩子而言，自然可以天马行空地信口开河。但是，许多案例都表明，一个有所建树的人，都是从小就有着清晰的目标，并为目标努力奋斗的人。

所以在孩子小的时候，父母就应该引导孩子树立明确的目标，目标比梦想更加明确，它会形成一种无形的召唤力，最终把孩子引领着走向梦想的国度。

2. 教会孩子确立适合自己的目标

每个人都应该发挥自己的特长，因为这样能够让他有更大的优势，有利于孩子梦想的实现。选择非常重要，孩子还不能做好自主选择，所以家长要贴合孩子的实际，帮助孩子确立一个适合他的目标。这样才有利于孩子未来梦想的实现。也只有目标贴合实际，孩子完成起来才会轻松，才会有信心一直坚持下去。

3. 无规矩不成方圆

梦想也需要基础，需要坚持，家长应该要给孩子定下一些规矩。有了约束，孩子才能保持在一个正确的方向，才能在一个轨道中前行，才能按部就班地付诸行动。

4. 让孩子坚定前进

追梦是一个很长的旅程，孩子们的定力不够是正常的，作为家长，应该要适时地提醒孩子。当孩子在困难面前想要放弃的时候，家长要鼓励孩子，让他知道只有不会放弃的人才能获得最后的成功。在孩子振作起来之后，家长要引导孩子及时总结经验，重新扬起风帆。

🦋 每个孩子都是宝藏，蕴含无限潜能

张笑天是班级里的体育委员。他虽然看起来不够健壮，但是打篮球没人能赢过他。在学校的运动会当中他更是参加了 1500 米的项目，还为班级赢得了第一名的殊荣。这个大男孩并不是天生的体育健将，关键在于他父母对他的培养。

张笑天刚出生的时候，身体非常瘦弱，而且体质很差，年龄小小的他就像是一个"药罐子"，三天两头生病。他经常出入医院，就像是医院的常客一样。看着别的小朋友蹦蹦跳跳，张笑天别提有多羡慕了，但是他不能这样做，因为他的身体不好。

虽然张笑天自己很悲观，但是他的父母对他寄予了很大的希望，而且坚信自己的儿子有一天能够强壮起来。在孩子身体发育时期，张笑天的妈妈按照健康食谱给张笑天的设计饮食，而他的父亲更是利用这个机会开始锻炼儿子。

虽然刚开始张笑天的身体很弱，跑不了几步就喊累，但是他的父亲看准了自己的儿子对体育有着一番渴望，于是鼓励儿子慢慢加大运动量。就这样，日积月累，张笑天的体质一天天好了起来。不仅如此，他的体育潜能也被挖掘了出来，成为了班级里的体育尖子。

潜能是什么呢？举例来说，一棵白杨树，如果它能充分享受到阳光、雨露，树根也深深地扎进肥沃的土壤，那么它可以长到 30 米高。如果外界的条件没有让它充分地得到滋养，那么它就长不到 30 米。我们可以把 30 米看作树所具备的潜能；同样地，一个人如果资质得到充分发挥，那么他可以产生 10 分的能力，如果没有充分发挥出他的资质，那就低于 10 分。

也就是说，如果一个人的发展足够理想，那么就能发挥出最大的潜在能力；如果受到了某种阻碍，潜能没有被充分地发掘出来，那么他的发展就不够理想了。而且，潜能的发展有一定的规律，家长对孩子潜能的发掘要趁早，因为随着年龄的增长，会与孩子的潜力实现成反比。

根据专家的研究结果，孩子从婴幼儿时期开始就有一种领会和吸收能力，如果家长在这个时候给孩子很广的接触面，那么对孩子潜能的发掘就越有利。如果错过了那个阶段，那么从现在开始家长就要抓紧了，不要错过一个又一个的机会。

1. 正视孩子的追问习惯

每个孩子都会有一个问题爆发的阶段，这时的孩子总喜欢问为什么。有的家长面对孩子稀奇古怪的问题会显得不耐烦，或是敷衍，这些都有碍于孩子潜能的挖掘。

新颖的妈妈在新颖小的时候发现孩子对昆虫产生了极大的兴趣，因为孩子总喜欢问关于虫子的问题，比如"蝴蝶为什么会长出翅膀"，"蝴蝶为什么要从自己建的房子里钻出来"，等等。新颖的妈妈意识到孩子对昆虫有浓烈的兴趣，于是她自己先去对昆虫进行了一些了解，在孩子问的时候她耐心地给孩子讲解。现在的新颖还没升入初中，但是已经将初中的生物教科书都看过一遍了。

孩子的潜能往往就藏在孩子的问题当中。如果家长能够注意到的话，那么一定能够发现孩子的天赋，使其发展，让孩子时刻能够保持兴趣，同时也会将爱好当成一种习惯，直到成为孩子的特长。

所以家长在孩子的问题面前一定要有足够的耐心，帮孩子解决他眼中的"为什么"，同时激发起孩子的兴趣和潜能。

2. 兼顾智力和非智力因素

要想充分发掘孩子的潜能，父母不要总把眼光死死盯住孩子的智力方面，因为孩子的潜能不仅限于智力因素，还有非智力因素，如兴趣爱好、意志品质等。

3. 认真挖掘孩子潜能的多样性

对于孩子潜能的挖掘涉及孩子身心的各个方面，这就需要家长能够突出重点。同时，家长需要注意，想让孩子得到更为全面的发展，挖掘其潜能的重点是精神和品德，而不宜以智力为中心。

4. 帮助孩子发展智力技能

包括观察技能、注意力技能、想象技能、记忆技能、思维技能等在内的技能都属于智力技能的范畴，它是指大脑内部活动的方式。要想发掘和培养孩子的这些技能，家长就要丰富孩子的课余生活，让孩子自己选择和参与，家长从中去发现孩子的特长。

第三章　道德观：
以德服人是最大的成功，也是永恒的成功

Chapter 03

在价值观中有一个道德标准，

指的是道德本质正义的行为。

培养孩子拥有良好的道德品质十分重要，

而且要从小抓起，坚持不懈地进行。

以德服人是最大的成功，也是永恒的成功。

让孩子做一个道德高尚的人，

这样能更好地融入集体和社会，

这些美好的东西也能伴随孩子幸福地成长着。

Part1　做人人喜欢的"人气王"

在竞争日益激烈的今天，让孩子懂得与人交往和相处的道德准则，应是我们家长需要做的重要事情。大方不自私、团结友善、热情主动等，当这些良好品质成为孩子刻入心底的一种行为准则，成为他随时随地都能表现出来的自然行为时，他的人生价值就会更容易实现。

❀不要冷冰冰，待人要热情

一天放学后，尹铎嘟着嘴走向前来接他的奶奶。奶奶见孙子不开心，急忙说道："是不是哪个小朋友又欺负你了？告诉奶奶，奶奶找老师，找他的家长说理去，看他还敢不敢欺负我们家的宝贝孙子！"

对于奶奶的问话，尹铎就像没听到似的，什么表示也没有，依然嘟着嘴。奶奶见孙子不开口，也就不勉强，她从包里拿出尹铎平时喜欢吃的零食，递到他手里让他吃。

回到家后，刚从外地出差回来的爸爸见儿子闷闷不乐的样子，好奇地问道："宝贝，怎么了这是？"尹铎看到许久未见的爸爸，一点儿激动的心情也

081

没有，对爸爸的问话也未予理睬，躲在奶奶的身后继续吃着零食。

3年前，尹铎的父母离婚了，他归爸爸抚养。爸爸经常出差在外，陪伴尹铎的只有年过六旬的奶奶。一直以来，奶奶觉得孙子在单亲家庭生活，享受不到大多数孩子能够享受到的家庭温暖，所以她觉得自己应该多宠爱孩子，补偿孩子缺失的东西。

只是奶奶还是秉持着老观念来教育孩子，对于尹铎情商方面的培养从未重视，甚至根本就没有意识到。老人只知道百倍千倍地对孙子好，宠爱孙子。

实际上，原本性格就内向的尹铎在这样一个不完整的家庭中生活，就更加冷僻、自闭，不爱与人打交道，也不会和别的孩子打交道。那天放学后尹铎闷闷不乐，原来是因为老师在班里组织了一个"成双成对"的游戏，也就是每个小朋友都要和另外一个小朋友结成同伴，作为一组，再来和其他的同伴们一起做游戏。可是，没有一个人愿意和尹铎做朋友，大家都反映说他平时太冷漠了，连笑都不会笑。

见到儿子这样，尹铎的爸爸心里很不是滋味，他觉得亏欠儿子的太多了。也正是从那时起，尹铎的爸爸决定向单位提出以后让自己少出差的申请。他甚至下定决心，如果单位不同意，自己就离职。他不想再让儿子这么孤僻下去了，而是希望儿子成为一个热情开朗、受人欢迎的快乐宝贝！

与人交往，我们都希望对方表现得热情一些，这会让我们很自然地对对方产生好感，觉得对方易于接近。假如对方流露出的是一种冷冰冰的情绪，那么我们就有一种被拒于千里之外的感觉，觉得对方很不容易亲近。

大人如此，敏感的孩子们之间的交往同样如此。可以说，热情在人际交往中就像早晨打开窗户之后透进来的一股清新的空气，令人神清气爽，心旷神怡。

如果你的孩子表现出明显的不合群，那么就请观察一下，他是不是在人际交往中不够热情呢？

在我们的生活中，像尹铎这样的孩子并不鲜见。由于受家庭环境的影响，或者由于被过度关注和疼爱，使得他们越来越缺乏热情，待人冷漠。当这逐渐成为孩子的一种习惯后，就会成为孩子性格当中的一部分。冷漠的孩子自然难以收获友谊。

因此，我们有必要奉劝广大父母，不管孩子本身是怎样的性格，也不管家庭有了什么变故，我们都尽量为孩子创造一个宽松、和谐的氛围，让孩子告别冷漠、孤僻，用热情收获友情。

1. 创设良好的家庭氛围

对于绝大多数孩子来讲，他们的冷漠并不是天生的，最重要的原因就是不当的家庭教育。我们给予孩子过多的爱，滋养了他"一切以自我为中心"的心理，造成了对他人的冷漠和隔膜。

还有的家庭成员之间缺乏温暖，不是拳脚相加，就是冷漠相待。孩子长期处于这样的环境中，感受不到更多的爱，时间久了自然也就没有爱别人的能力。

所以，为了能拥有一个热情的孩子，为了孩子能够拥有高质量的友谊，作为父母，我们要努力为孩子创设一个和谐的家庭氛围，让孩子轻松、开心地成长。

2. 对孩子热情待人的小事情要及时表扬

为了让孩子热情待人，家长要注意观察孩子日常生活中的表现。当发现孩子无意识地乐意帮助别人和热情待人的细小事情时，家长要及时进行肯定和表扬。这样就会使孩子从无意识过渡到有意识，以致不断强化和巩固，直到成为一种习惯。

　　思源这天回家很晚，因为思源没有手机，所以也就没有和家人联系，这让思源妈妈非常担心。在孩子回来之后，思源妈妈刚想批评孩子，想了想她还是让孩子说说为什么回来这么晚。原来思源的好朋友家里有事急着回家了，他就帮朋友值日，所以回家晚了。知道儿子做了什么，妈妈对他帮助朋友的行为表示了肯定，同时也告诉思源晚回家要告诉家里一声。从那之后，思源对朋友更加热情了。

3. 让孩子用微笑展现热情

　　俗话说得好："伸手不打笑脸人。"由此可见，没有人会对微笑"免疫"，在人际交往中，微笑的作用不可小觑。因此，我们不妨告诉孩子，要想获得同伴和同学之间的友谊，一定要学会微笑。让孩子知道，没有人喜欢闷闷不乐、整天耷拉着脸的人。有了微笑，自己和伙伴之间的距离自然会拉近，即使发生了矛盾，也会因为微笑而冰释。

　　不仅是朋友之间，当微笑成为孩子的一种习惯后，他会变得更加友善，在陌生人面前也能表现出和善来，这也能帮孩子收获友谊。

4. 让孩子学会主动打招呼问好

　　孩子是否热情往往从他与人打招呼方面就能看出端倪。那些见了熟人会主动打招呼，或者在父母的引导下礼貌地问好的孩子，通常是比较热情的，在同龄人中间也往往更容易收获友谊。而那些在别人面前总是很腼腆，不敢打招呼的孩子往往在同龄人中间也是比较孤僻的。

前者自不必说，后者则需要父母更多地鼓励孩子接触陌生的环境，注重在实践中培养孩子打招呼的礼貌习惯。如果孩子没能主动开口打招呼，我们也不要逼迫他，否则会让他把打招呼看成一种负担，效果也就适得其反。正确的做法是，我们要给予耐心的引导和积极的鼓励，相信经过一定的锻炼，原本冷漠、孤僻的孩子就会热情大方地向他人打招呼了。

✦ 要想获得尊重，先要尊重他人

李泽林是个非常聪明的孩子，从上幼儿园开始就展现出了超出同龄孩子的聪明才智。现在，刚刚上小学六年级的他，获得的各项奖状、荣誉证书已经有一大摞了。老师们也因此对他格外器重，同学们也对他很是钦佩。

仰仗着自己的聪明和丰富的知识，渐渐地，李泽林养成了一副傲慢的态度，对和自己一起玩的伙伴总是横挑鼻子竖挑眼，指出人家这里不对那里不好，经常让别人很难堪。

这样一来，同学们就不爱和李泽林玩了，李泽林开始受到冷落。这一天，李泽林闷闷不乐地回到家，向妈妈诉苦说："王兵、李岩他们一见到我就躲开，真不知道是怎么回事。"

听了儿子的话，妈妈温和地一笑，告诉他说："同学们对你冷落，让你很不开心，妈妈很理解你这种感受，因为妈妈也曾经有过这样的遭遇。妈妈觉得，同学们之所以躲开你，是不是因为你平时在他们面前会觉得自己很了不起呀？”

李泽林听了妈妈的话，点了点头，并说道：“本来就是他们太笨了嘛，我指出来他们还不高兴。”

妈妈说：“你为同学指出他们做错的地方当然是对的，但是你也要知道，别的同学也是很在乎面子的。如果你用一种温和的、尊重他们的语气指出他们的错误，他们是不是就容易接受了呢？妈妈希望你不要忘了，一个人要想有所成就，要想生活得快乐，是离不开周围朋友们的支持的。最近你由于自己获得的优异成绩骄傲起来，总觉得自己比周围的孩子都有本事。其实，这种做法和态度是很愚蠢的，它只能让别人离开你，生怕和你在一起。每个想成功的人都需要和别人融洽相处，理解别人的处境，而不能在别人面前摆出一副盛气凌人的姿态。”

听完妈妈的话，李泽林认真地点了点头，他似乎明白了妈妈话语中的道理。从那之后，李泽林在和同学相处的过程中，努力克制自己不去强硬地要求别人怎么做，而是温和地告诉大家自己的想法。他的这一态度让伙伴们感受到自己受到了尊重，因而也回馈给了李泽林更多的尊重。现在，李泽林和同学们的关系已经越来越好了。

渴望别人的喜爱、受到别人的尊敬是人类的本性。但是，想获得什么，我们首先就要付出什么。对孩子来说，要想收获友情，赢得别人的尊重和喜爱，就要先学会尊重他人。

可以说，尊重他人是孩子必须具备的品德。只有尊重他人的孩子，才可能正视他人的意见，才能够理解他人，从而赢得他人的理解和尊重。

但是，有的孩子并不懂得尊重他人，比如给别人起外号，看到别人出丑就嘲笑，或者看到别人倒霉就幸灾乐祸等。虽然说有些时候孩子这样做是出于好奇、逗趣等心理，但无论如何，这些做法都是很容易对他人造成伤害的。

孩子的这种习惯性行为，如果没有得到及时纠正，就会因为不尊重别人而无法赢得别人的尊重。相反，如果父母能够给予及时的引导和教育，那么孩子的错误行为就会一点点消失，成为一个懂得尊重他人，也会赢得他人尊重的孩子。

那么家长应该要怎么做，才能让孩子养成尊重他人的好习惯呢？

1. 告诉孩子不要说伤人的话

俗话说得好："良言一句三冬暖，恶语伤人六月寒。"哪怕是从小孩子嘴里说出来的话，如果太过肆无忌惮，也会难以令人接受。

当孩子在父母面前或者其他同学面前说了伤害人的话时，父母要及时制止，并告诉孩子这样说话是不应该的。让他知道，他的话会给别人造成伤害，会引发别人心里的不愉快，对方也就不容易对他产生好感。这样，想获得对方的友谊将会很难了。如果说了伤害别人的话，我们还要让孩子赶紧道歉，并且在以后与人相处的过程中多加注意。

2. 让孩子知道嘲笑是对别人极大的不尊重

或许是受周围环境的影响，或许是受父母的影响，有个别孩子以嘲笑他人为乐趣，乱给人家起外号，比如哪个同学长得胖一点，就叫人家"猪八戒"；戴个眼镜就叫人家"四眼"。殊不知，这些调皮的不懂得尊重他人的孩子，会深深地伤害那些被嘲笑的孩子。这种不尊重人的行为，可能会引起他人的反感，也可能会让他人渐渐疏远他。

当我们看到这样的情况时，要赶紧制止孩子的这种行为，并告诉他："别人有缺点，本身就会自卑，你还一次次提醒人家，生怕人家忘了自己的缺点。你这种行为是极其不尊重人、不厚道的行为，必须停止！"

3. 要告诉孩子尊重是相互对等的

孩子或许不知道"金无足赤，人无完人"，这需要父母及时告知并将其中的道理用孩子能够听懂的话说给孩子听。让孩子知道，人有缺点和不足乃是必然的，没有谁是完美无缺的，包括他自己，也包括爸爸、妈妈。和人相处想要获得他人的尊重，自己也要尊重他人。

林林是班长，但是有时他太过不尊重同学。有一次他收作业的时候，一个同学忘带了，他就指责起同学来："连个作业都忘了带，你是没有写吧？笨死了！"后来，有一次收取班费，但是林林忘了带班费来。那个同学抓住机会嘲笑了林林一番。回到家林林非常生气，妈妈知道后对林林说："你看，你也有失误的时候。班长是一个班级的公仆，不等于你可以不尊重同学。只有你尊重别人，别人才会尊重你。"那之后林林变了，变得尊重同学了。

人和人之间的相处是平等的，家长要让孩子知道，没有人会无条件地对你好，想要获得别人的尊重，你也要尊重他人。直到这个观念被孩子完全接受之后，他才能真正做到尊重他人，才能获得友谊。

✿ 让孩子拥有同情心

梅女士很注重从日常生活中培养女儿的同情心。她回忆，在紫紫6岁的时候，有一天，她带紫紫出去玩耍的时候，发现了一只受伤的小麻雀。那只小麻雀估计是被人用气枪打伤的，翅膀上沾满了血，瑟瑟地抖动着身体，蜷缩在那儿，半眯着眼睛。

紫紫看到麻雀之后，走上前去，捧起小麻雀来，小心地爱抚着。梅女士对女儿说："好孩子，这只小麻雀受伤了，妈妈和你一起把它救过来吧？让它重回蓝天，回到妈妈那儿去，好不好？"

紫紫回答说："妈妈，我正要向您请求让您和我一起救它呢！这只小麻雀真可怜呀，那些坏蛋真可恶，把它打成这个样子。妈妈，我们一定要救活它。"看着在地上哀鸣的小麻雀，看着女儿那略带悲伤的脸，梅女士告诉她："妈妈一定和你一起救活它，紫紫真是有同情心、有爱心的好孩子。"

后来，梅女士和紫紫一起努力，终于救活了这只小麻雀，让它重回了蓝天，她们还专门为小麻雀举行了一个简单的放飞仪式。在参加家长会的时候，梅女士还把这个事情告诉了其他家长，告诉了学校老师，紫紫也因为这个事情受到了老师和其他阿姨的表扬。

时代在不断变化，很多家庭都是独生子女，有的家长恨不得将一切都给孩子。但是家长的过度溺爱使得孩子的认知出现偏差，变得自私、冷漠、孤独。想要孩子不失人情味，那么同情心的培养是非常重要的。

同情心是完整人格构成的重要组成部分，也是人世间非常宝贵的一种情感。不仅如此，同情心还是维持和发展人类社会的情感因素，是人们在人际交往中应该具有的一种感觉。身处大千世界的芸芸众生，只有相互同情、相互关心，我们周围的环境乃至我们的社会才会充满温馨和关爱，我们自己也才能更多地感受来自他人的欢迎和关爱。

但是，我们要知道，和其他体现情商的要素一样，同情心也不是先天就能具备的，也是需要后天培养的。孩子的各种情感事实上从出生开始就在潜移默化当中进行学习和积累。因此，对孩子们来说，同情心的培养也要从小开始。这种感情对于孩子个性的健康发展尤其是情感的发展，以及良好人际关系的建立意义非凡。

家长一定要走出一个误区，就是"孩子迟早会拥有同情心"。因为感情需要培养，家长应该抓住时机，在孩子情商形成的重要阶段进行情感的启蒙教育，从而培养孩子的同情心，使得孩子拥有健全的人格。我们可以从以下几个方面入手。

1. 利用生活当中的各种细节

孩子处于情感发展的时期，有的时候孩子可能无意识地做出一些富有同情心的行动，这时候家长就应该利用机会教育孩子。

倩倩今年 7 岁了，她有一个很会运用教育技巧的妈妈。很小的时候，妈妈就经常鼓励她去帮助他人。有一次，倩倩跟妈妈一起上街去买东西，当她看到有一位行动不便的老爷爷时，主动走上前去，扶着老爷爷走过马路。而她回头，看见妈妈正用着一种鼓励的眼神看着自己。

有些时候家长的支持鼓励对孩子是非常重要的，尤其是孩子主动做出良好的行为之后，家长的鼓励能够让孩子继续这种行为，时间久了自然就会成为孩子的一种习惯。这就需要家长多注意平常的细节，像倩倩的妈妈无疑就抓住了机会。

另外，孩子正处于学习的阶段，有可能家长一个不经意的行为就会影响孩子，所以要多注意自己的言行举止。比如当你看到乞丐就捂着鼻子跑开，当你看到弱者就表现出鄙夷之时，孩子的认知很可能就出现偏差了。所以家长要多注意生活当中的细节，不要让孩子成为一个自私而冷漠的人。

2. 从生活中找出范例

没有孩子喜欢枯燥乏味的说教，如果一味讲道理，那么孩子不仅听不进去，还有可能对你的说教产生排斥心理，反其道而行之。如果这样，家长的初衷就发生改变了。教育孩子需要方法，其实，生活中有很多范例。比如故事，比如影视。

举例来说，动物世界当中就有很多弱肉强食的画面，面对这样的画面家长可以对孩子说："你看那只小鹿多可怜呀，人可不能这样子！要明白，我们是人类，要更懂得同情！"或者平时给孩子讲故事的时候，可以找到一些有关于同情心的故事，引起孩子的共鸣，时间久了，孩子自然会富有同情心。

3. 公益活动也是一个途径

如今，社会上的各种公益活动有很多，这都是培养孩子同情心的机会。例如希望工程、对不幸的同龄人献爱心的活动，父母都应该支持。更重要的是，父母也应该一起参加。家长和孩子一同关心弱者，会给孩子树立高大的榜样，这比空洞地说教要有用得多。

此外，父母不妨让孩子做些力所能及的事情，让他们感受父母工作的艰辛。比如，尝试让孩子做些力所能及的简单劳动，安排孩子参加一些健康群体组织的活动、聚会，如社区组织的义务劳动、学校团队组织的看望照顾敬老院的老人以及认养动物园的小动物等，让孩子有机会接触家人以外的陌生人。在这个过程中，孩子待人接物的能力会得到明显提高，并体验到助人为乐的乐趣。

4. 教会孩子关心周围的人

孩子成长的过程也是一个"自我"发展的过程，在这个过程当中，因为"自我"发育得还不够成熟，所以有时孩子会多愁善感，这是家长引导孩子的一个机会。比如当孩子看到别的小朋友摔倒了哭起来的时候，家长不能嘲笑孩子，而应该引导孩子将这种痛苦转化成同情心。

玲玲是家长眼中的乖孩子，也是同学当中公认的好朋友。在家长眼中，玲玲非常懂事；而在朋友眼里，玲玲善解人意，从不会嘲笑他人。之所以有这样的结果，都是玲玲父母的功劳。玲玲小的时候就是一个感情非常细腻的人，她的父母看准了这点，从小就顺应玲玲情感的走向发展，让她学会关心朋友、父母、爷爷、奶奶，渐渐地，这成了一种习惯，也成了玲玲性格当中的一部分。

孩子的身边总会有人围绕，家长应该教育孩子在接受别人关心的同时也要懂得关心他人。比如让孩子学会给爷爷、奶奶倒茶、捶腿，帮着家长做一些力所能及的家务，等等。当然，在孩子完成后家长也应适时地鼓励、表扬，让孩子有积极的情感体验。

5. 让孩子来照顾植物或动物

有的家庭当中可能养了宠物，或是植物，对于有的孩子来说，这些小东西就像是玩具一般。如果你的孩子这样认为，那么你就要注意了，这并不是什么好事。

家长应该要借机会让孩子知道植物和动物也是有生命的，它们需要关心和爱护。比如当孩子折断树枝的时候，家长可以将小树的感情代入人，让孩子认识到植物的生命，家长可以说："你受伤了疼不疼呢？你将小树的胳膊折断了，你说它疼不疼呢？"通过这样的话可以培养孩子的同情心。平时家长也可以让孩子来照顾宠物和植物，孩子习惯于这些事情之后，同情心早就潜移默化地影响孩子了。

❀ 走出去，主动找朋友

因因长得很甜美，但是在同学当中她却不怎么受欢迎。相反地，因因的邻居甜甜是一个很受欢迎的女孩子，她的朋友有很多，这让因因心里非常羡慕。但是因因已经习惯了"唯我独尊"，很难和朋友融入一起。

以前，因因也试着交过朋友，但是大家在玩的时候都有自己的想法，因因觉得大家应该要以自己的想法为准。可是朋友们不愿意配合，这就让因因心里很不舒服，干脆一气之下不和朋友们一起玩，自己回家玩娃娃去了。

但是随着年龄的增长，看着身边的同学都有要好的朋友，自己一个人孤零零的，因因心里不平衡了。她渴望友谊，希望能够有朋友。这个时候，甜甜出现在了因因的世界里。她带着因因一起玩，虽然同岁，但甜甜就像因因的大姐姐一样照顾她。

在甜甜身边，因因学会了一点，就是朋友之间要互相包容，只有真心才能获得友谊。在甜甜的帮助下，因因逐渐养成了宽容的习惯，她的身边也慢慢多了一些朋友。有一次，因因忘了值日就回了家，她的一个朋友还主动帮她值日。在那之后，因因和朋友之间的关系更加和谐了。

现在很多家庭当中都是独生子女，孩子在家庭中只有长辈，很难学会和同龄人如何相处。即便有时和同龄的孩子一起玩，但是因为在家都唯我独尊惯了，所以谁都不愿意吃亏，都想以自己的想法为导向。这很不利于孩子的成长，因为孩子的未来面临的是社会这个大家庭，人与人之间的关系是很重要的，如果孩子学不会如何与他人相处，那么就难以在社会上立足。

学校是孩子和他人相处的一个重要平台，孩子身边有很多同龄人，而朋友是孩子成长之路上非常重要的一部分，他们能够教会孩子与人相处，让孩子认识集体，同时也能驱散孩子内心的孤独。

对于一些孩子来说，交朋友可能是一种障碍，因为不知道应该怎么做。或者孩子认为交朋友没有什么用，这个时候家长就应该让孩子知道，朋友是生活当中不可或缺的一部分，能够与自己分享喜怒哀乐，在自己遇到困难的时候还能支持自己。只有让孩子认识到朋友的重要性，孩子才能迈出交友的步伐。孩子才能变得友善，养成合群的习惯。

1. 告诉孩子主动很重要

现在有的孩子已经形成了依赖的习惯，很多事情都非常被动。被动是难以获得真正的友谊的。作为家长，应该教会孩子推销自己，主动和人交朋友，这样才能逐渐走出孤独，养成乐观向上的性格。家长让孩子学会友善，才能告别一个人的世界，才能成为同龄人群体当中的一分子。

比如，你看到孩子在看其他孩子玩耍的时候，可以鼓励孩子让孩子主动上前搭讪，参与其中。当这成为一种习惯之后，孩子就会主动交朋友了。

2. 让孩子带着朋友来做客

有时孩子的社交仅限于家庭之外，在外面玩得很开心，但是一回到家就变了一个样子。或者为了和朋友在一起玩，孩子不愿意回家。之所以出现这样的情况，是因为孩子认为家是另一个环境，家长可以鼓励孩子带着朋友到家中做客，这样有利于孩子打开心门。

小梅是一个内向的女孩子，她的朋友不多。虽然有关系很好的朋友，但是她在学校是一个样子，回到家就变成了另一个样子，害羞、内向。妈妈为了改变女儿的这个毛病，在一个周末提议让小梅带着朋友到家里来做客。小梅的朋友来了之后，小梅的妈妈准备了点心和饮料。小梅和朋友一起做功课，之后还一起玩，这个周末小梅异常开心。

当孤独成为一种习惯之后，孩子会变得孤僻。家长应该要深入了解孩子，帮助孩子将朋友领进自己的小世界。这样有助于加强孩子和朋友之间的关系，能够逐渐改善孩子孤独的情况。

3. 交往也需要技巧

在孩子交往的过程当中技巧是必不可少的。孩子如果在一个相对孤独的环境当中成长，有时可能不会道歉，或是不懂说"谢谢"。家长应该告诉孩子，在怎样的情况下说什么样的话是正确的，是可以收获友谊的。

另外，要孩子多参加集体活动，也有利于孩子交友，培养孩子和善的性格。

不做团体中的"小霸王"

王谦从小时候起，爸爸就告诉他要勇敢，摔倒了不能哭，必须自己爬起来；受到别人欺负，必须给予回击，即便暂时打不败对方，也要等待机会，以后报仇。

这是爸爸的经验之谈。当年他只身来到城市，遭受了许多磨难和欺凌。他深知受人轻视的主要原因在于自身的软弱，因此他要求王谦不能重走他的老路，必须从小就学会针锋相对，寸步不让。

爸爸的辛酸经历成了教育王谦的好材料。如果王谦哪一天哭哭啼啼地跑回家向爸爸求援，必定被爸爸臭骂一顿。

那天，王谦被一个高年级同学打了，回家后不敢告诉爸爸。爸爸却发现了他胳膊上的一块瘀伤，问清楚经过后，他当即给了王谦一巴掌，把他训了一顿。然后，他就带着王谦找到那个高年级同学，二话没说，踢了他两脚，再令王谦去打那个高年级同学。王谦不敢，又被他骂了一番。王谦正要动手，那个高年级同学却很知趣，赶快溜走了。

从那以后，只要有人对王谦说一句不好听的话，他就立刻挥起拳头。王谦成了班上出名的"打架男孩"，谁也不敢惹他，也从没有人肯主动搭理他。直到有一次他把班上一个同学打伤了，爸爸赔了不少医疗费，还被老师叫去谈了一次话，爸爸才要求王谦在动手时不要那么出格，适可而止。

然而爸爸仍旧认为坚决还手是对的。老师却多次批评王谦，要他不可动手打人。王谦也感到很困惑："把同学都得罪完了，谁都不和我玩，我该怎么办呢？"

与周围人的关系对孩子产生着微妙的有时甚至是严重的影响，有力地改变着孩子前进的方向。显然，王谦在处理和同学的关系时显然陷入了困境，他父亲以自己的切身之痛总结出了一条极端的处世原则，使他在与同学的交往中常常采取进攻性行为，结果不仅没能更好地保护自己，反而使自己陷入了极端孤立的境地。

那么家长该如何引导孩子和其他人相处呢？

1. 不要过于紧张孩子之间的纷争

事实上，孩子之间发生一点矛盾是极其正常的，相互谅解，给予宽容，能使孩子之间的关系变得和谐，他的生活、学习都会快乐。尽管过分忍让会使孩子变得怯懦，需要加以克服，但一味地对着干同样会让孩子和做父母的难以收场，也是必须抛弃的错误做法。

2. 告诉孩子宽容是相处之道

家长要把这个道理反复讲给孩子听，让孩子在与同学相处时，严于律己，宽以待人，不苛求对方，不为同学之间的一点小矛盾而挑起事端，要让孩子学会宽容待人。

李明有个关系不错的同学，他们两个之间无话不说。但是最近李明和自己的好朋友闹翻了，因为他告诉了朋友一个秘密，让朋友千万不能说出去。但是朋友无意之间说漏嘴了。这让李明非常生气。即便朋友已经道过歉了，但是他仍旧不肯原谅朋友。妈妈知道后语重心长地告诉李明，对待朋友要宽容。李明也不想失去朋友，在原谅朋友之后，两人的关系更好了。

宽容待人包括很多方面，比如说话有礼貌，能站在别人的立场上去考虑，谅解别人的难处，有什么请求和建议都能选择合适的时机和方式表达，让别人能够愉快地接受等，一旦发生了纠纷，要主动谋求和解，多检讨自己，取得对方的谅解。

3. 家长要学会引导

邻里关系、同学关系，甚至还包括与各色人等的不同交往，都要让孩子掌握待人接物的正确方式，勇于开拓自己的交往范围，提高人际交往能力，为将来孩子在生活的大舞台上游刃有余、大显身手做好充足的准备。

所有这一切，都需要家长及时点拨、指引，还需要家长以自己处理和他人的关系的成熟方式为孩子做表率。培养孩子的交往能力，责任重大，影响深远，家长切不可等闲视之。

❋学会与人合作很重要

朋朋和友友是一对表兄弟。由于这俩孩子都是独生子女，他们的父母希望他们能够像亲兄弟一般友好，就连名字都带着大人们的期望和祝愿。

暑假的一天，朋朋的爸爸、妈妈准备在一个礼拜后带着俩孩子去郊外进行野餐。此行的目的不光是为了外出游玩，朋朋的爸爸还希望通过这次活动训练一下两个孩子的合作能力。

爸爸给前去的4个人都做好了分工：妈妈购买食品，爸爸负责开车，朋朋负责准备餐具，友友负责准备充气的折叠桌椅。

接到任务后，朋朋便开始着手准备了。他在厨房里找到了4套一次性餐具，包括碟子、碗、筷子、叉子，还有纸巾等若干。过了两天，朋朋忽然想到，万一餐具到时候有损坏怎么办？不行，要多准备两套，以备不时之需。就这样，朋朋准备了6套一次性餐具。

而友友呢，只沉浸在等待野餐的快乐之中，却对于准备东西一点也不紧张。直到临行前最后一天，友友才开始执行自己的任务。

可是，由于友友太过匆忙，准备得一点也不认真，最后导致他少拿了一把充气板凳。为了让他长教训，朋朋的爸爸让他坐到了地上，而其他3人则坐在了板凳上用餐。

通过这一次活动，友友意识到了自己在合作方面有所欠缺，事后他认真反省了自己的行为，决定以后也要像朋朋那样凡事早一点准备，并且要考虑周全。

著名的心理学家阿德勒指出，一个缺乏合作精神和合作能力的人，其职业生涯、人际关系以及爱情婚姻都会出现严重问题甚至遭到失败。这是因为人类心理中存在着"合作需求"。合作需求就是一种愿与其他人合作以达成共同目标的愿望。在这点上，科学家经过核磁共振试验发现，人们合作时大脑发出的信号是愉悦的信息。

对孩子而言，学会与人合作不仅会获得精神上的满足和别人的友谊，还会有利于自己的成长和将来事业上的成功。

我们知道，现在的社会分工越来越细，一个不懂合作的人是难以赢得别人的爱戴的。只有善于合作的人，才更容易受到他人的欢迎，而缺乏合作的人必将受到他人的排斥和反感。

所以，对父母来说，如何从小培养孩子与他人合作的能力已经成为一件刻不容缓的工作。

1. 要培养孩子形成合作技能

有些家长可能会有这样的感受：现在的孩子越来越"独"，独占意识强，不懂分享。这样的孩子怎么懂得与他人合作呢？其实，面对这样的现状，父母也不必太过心急，只要我们适当地引导一下孩子，还是会让孩子具备合作意识和合作能力的。

高翔这个孩子和同学交往并不顺利，在同学眼里他总是独来独往。他之所以变成这样，是因为有一次班级在弄黑板报，他没有在教室，一个同学顺手用了他的尺子。在高翔回来后，同学跟他说了他还不依不饶，说："你凭什么用我的东西啊？没礼貌。"从那之后，同学们就和他保持距离了。

现在很多孩子都没有兄弟姐妹，他们不懂合作，所以家长要让孩子学会分享，教孩子一些和人交往合作的要素。比如和同学拉拉手，和同学微笑等，这些都是示好的信号。当自己的孩子能够和其他孩子融洽相处的时候，那么他就自然而然地学会谦让、等待、共享、分工合作等技能了。

2. 通过游戏培养孩子的合作意识

孩子无论怎样成长，游戏对他们都有着很大的诱惑力。家长可以让自己的孩子多和其他的孩子在一起玩些需要协作的游戏，团队游戏最佳，比如足球、篮球等，这些竞技的游戏比较能够培养孩子的团队精神。

如果孩子性格比较内向，不太合群，那么可以让孩子先和家长互相传球，慢慢地，孩子就能主动地相互合作。一个有团队意识的孩子是非常容易融入集体的，而且合作会成为孩子的一种习惯、一种观念，对孩子的未来也有着重要的意义。

3. 通过家务劳动，培养孩子的合作意识

做家务看似是一件再普通不过的事，但是它却是培养孩子合作意识的不错方式。比如，你可以让他配合你一起整理房间，让他负责哪个房间，然后你打扫另一个房间，这样当整个屋子收拾得焕然一新的时候，孩子会明白合作的重要性。而合作的意识也会在这个过程当中逐渐形成。

4. 多带孩子参加合作的活动

为了让孩子的自我中心意识不那么强烈，而能够多一些合作的意识和技能，父母们要多带孩子参加一些需要合作的活动，让孩子在集体活动中得到

锻炼，比如让孩子参加夏令营，等等。这样不仅可以慢慢改掉孩子"以自我为中心"的习惯，认识到合作的重要性和必要性，还能磨炼孩子的意志，帮孩子积累生活经验。

Part2 请善待走进你生命的人

每位家长要给孩子传达这样的意识："孩子，每一个走进你生命的人，都不是偶然，请做一个心中有爱的人，善待走进你生命的人。善待他人，就是要尊重、理解、帮助和包容每一个人。"其实每个孩子都有这样的天性，当这样做时，他们不会因为付出受损，反而会得到更多的回赠，生活也会更幸福一些。

❧ 付出爱，才能得到爱

岚岚是个 11 岁的小姑娘，别看年龄不大，但却非常懂事，特别是在关爱家人方面，被大家一致认为是个好孩子。比如，爸爸劳累了一天拖着疲惫的身体回到家后，岚岚会给爸爸端上一杯热茶，把沙发的靠垫给爸爸放好，让他坐下来休息；妈妈生理期的时候，岚岚会主动承担洗碗的任务，不让妈妈碰凉水；奶奶后背痛的时候，她会给奶奶按摩后背；爷爷想听戏曲的时候，她会主动把 iPad 让给爷爷听……诸如此类的情况，几乎每天都在岚岚家上演。

有邻居知道了岚岚家的这种情况，还对岚岚的妈妈说："这样做是不是太'虐待'孩子了？"岚岚妈妈微笑着说："我们只是给孩子创造一些关爱家人的机会而已。"

可能很多家长都认为自己为孩子付出是天经地义，也正因为这样才能彰显父爱和母爱的伟大。但是无休止地给予真的是最好的吗？作为一个理性的家长，要为孩子的未来着想，不要让孩子觉得任何人的给予都是理所当然的，在给予孩子的同时，也要让孩子学会付出，这才是家长应该要做的。

其实有些时候，孩子可能无意识地表现出对家长的关心来，有的家长以"你有这份心就够了"的理由推掉，实际上，这反而给了孩子一个错误信息，就是"爸爸、妈妈不需要关心"。当这种想法深入孩子内心之后，孩子会忽略对父母的关心。当成为一种习惯之后，孩子的冷漠和自私也就变得理所当然了。

家长不应该将"付出"看作自己的义务，要知道，这也是孩子的权利，你不能剥夺孩子"付出"的权利。因为这关系着他情感的发展，懂得关爱他人，能够让孩子体会到"付出"的美好，让孩子的内心中充盈着满足感，也是孩子重要的人生体验。

无须将奉献看得过于复杂，其实培养孩子的方法并不难，家长可以从以下几方面入手。

1. 别当孩子眼里的机器人

有的家长习惯于在孩子面前表现出高大形象，什么都不让孩子参与，不让孩子关心自己。这样其实是将孩子保护过度了，这样的孩子可能很脆弱，经不起挫折，或者对待感情异常冷漠，无论是哪一种结果，都是家长不愿意见到的，因此，家长要懂得"量力而行"。

家长不要在孩子面前扮演万能的机器人，无所不能，适当的时候也应该在孩子面前示弱。孩子也有保护亲人的一种欲望，因此家长在孩子面前适当地表现出软弱的一面，既能满足孩子的保护欲，也能借机让孩子懂得付出。习惯成自然，时常这样，在不知不觉当中，孩子就学会如何去关心和体贴他人了。

2. 爱要大声说出来

孩子都有大胆的一面，同时也有羞赧的一面。有时并非孩子不懂爱，不关心家长，而是羞于表达，或者在孩子表达的时候家长因为不好意思而阻止了。实际上对于勇敢表达爱的孩子家长应该多加鼓励。

每个孩子对父母都有非常特殊的情感，都希望父母能够理解自己对他们的爱。家长应该学会鼓励孩子大胆表达出自己的情感，这是一种直观的方式，也能锻炼孩子。作为家长，可以在孩子面前多表达一些自己对孩子的爱。即便孩子不善言辞，但是在父母的影响下，渐渐地也会懂得表达、懂得付出。

3. 让孩子学会体谅他人

孩子在付出情感时，父母是重要的付出对象。而孩子对父母付出情感的方法，则大多来自于在索取和感受情感过程中的所见所闻。如果父母经常教孩子对与自己相关的事物表示关心和体谅，那么就能让孩子在付出情感的过程中把握分寸。假如孩子在付出情感的过程中得到及时的回应，那么就能促使他们养成关心和体谅他人的习惯。这对于孩子情商的培养，乃至对孩子的一生都是大有裨益的。

4. 孩子的付出需要鼓励

孩子的很多行为是否能够成为习惯，关键在于是否得到了父母的认可。家长的认可对于孩子来说是非常重要的助力，有了家长的鼓励，孩子可能就会坚持下去，直到这成为一种习惯。比如孩子说了一句关心你的话，那么家长在感动的同时也应该鼓励孩子的这种行为，让孩子知道他的这种行为让自己感动了，是富有爱心的表现。

总而言之一句话，无论孩子是主动还是被动，家长都是孩子行为重要的导向标，有了家长的帮助，孩子的成长之路才能一路通畅。

❀ 有孝心的孩子，才会拥有幸福人生

林小燕是个非常任性的孩子，只要是她想要的东西，她就会倾其所有地得到它们。曾经有一次她为了得到一个自己喜欢的小熊玩具，居然在商场里面大喊大叫，无奈之下，妈妈只好给她买了。

林小燕的妈妈是一个设计师，有的时候为了完成一个策划要到深夜才可以休息。有一次，公司给林小燕的妈妈打来电话，说有一个紧急的项目需要她来完成。于是她就想让女儿体会一下自己的劳累，就对正在看电视的林小燕说："宝贝，妈妈今天还有工作要做，你坐在一边看妈妈工作好吗？"

林小燕从来没有看过妈妈工作，于是很爽快地答应了。她见妈妈忙了很久才做完，然后发给对方。对方有不满意的地方，妈妈还需要慢慢修改，直到很晚的时候，妈妈才忙完了。在这期间，林小燕的妈妈没有喝一口水，手也一直在键盘上没有休息过。

看着妈妈劳累的身影，刚刚6岁的林小燕似乎长大了很多，悄悄地端来一杯热水："妈妈，您辛苦了，先喝点水吧。"说罢就拿起妈妈的手为妈妈

"松筋骨"。

从那以后，林小燕再也没有任性过，也不再乱发脾气，成了一个乖乖女。

我国有句俗语："百善孝为先。"如果说每个人的生命都是奔流不息的小河，那么父母则是小河的源头。没有父母，哪有孩子？没有父母的爱，哪有孩子的幸福？

在我们的很多伦理学著作里，都会将孝敬父母看作人际交往的第一个台阶。可以说，孝心在人与人相处中占有很大的地位。我们很难想象，一个没有孝心的孩子怎样去爱别人，怎样去珍惜自己的朋友，爱护自己的家人？一个没有孝心的孩子在需要帮助的时候，谁会愿意伸出援助之手帮助他们？

其实，孩子是否懂得孝敬父母，并不单单是孩子对待父母的态度问题，其实质是体现出孩子是不是懂得关心他人的问题。而后者显然对于孩子的成长来讲分量更重一些。一个孩子只有在家懂得孝敬父母，那么到学校及社会中才会懂得关心他人，也才能拥有良好的人缘。

所以，如果我们想培养出一个高情商的孩子，就要培养孩子对于父母的孝敬之心。家长要将感恩意识灌输给孩子，让感恩和孝顺成为孩子的一种习惯。

1. 父母以身作则，为孩子树立孝顺的榜样

再好的理论也比不上父母的以身作则。父母本人如果做到孝敬长辈的话，孩子看在眼里，潜移默化地就会受到影响。如果因为和长辈相距较远、工作太忙不能朝夕相处，那么也要在节假日抽时间带上孩子去看望老人，帮老人做一些家务，陪老人聊聊天。

一旦父母将这种行为习惯化，那么孩子必然耳濡目染，也会养成尊敬长辈、孝敬父母的好品质的。

2. 让孩子了解父母为家庭付出的辛苦

物质条件提升了，孩子们往往衣来伸手，饭来张口，感受不到父母工作的辛苦，甚至不知道父母的钱是如何赚来的。他们甚至认为，自己吃好的、穿好的，都是天经地义的，也是非常容易的事情。

如果孩子有这样的心态，那么他又怎么懂得孝敬父母呢？所以，父母要适当地和孩子谈一谈自己的工作，可能的话，可以带孩子去自己的工作场所让孩子看一看自己的忙碌。通过这些做法，孩子会逐步明白父母的钱是来之不易的，从而也会更加珍惜自己的生活，并对父母产生感激和敬重之情。

3. 溺爱要不得

现在很多家庭都是独生子女，家长都尽自己的所能宠爱孩子。但是，如果宠爱过了应有的"度"，就成为了溺爱，反而不利于孩子的成长。

楚楚是爸爸、妈妈眼中的娇娇女，同样也是爷爷、奶奶的掌上明珠，一家人都围着这个小公主忙碌。有一次，楚楚想玩骑马的游戏，爸爸、妈妈不在家，于是她就要年长的爷爷趴在地上当自己的"马"，自己却在上面得意扬扬地"驾驾"地叫着。爷爷说自己累了，想休息一会儿，但是楚楚却不依不饶，不让爷爷休息。

对于楚楚的做法，很多人或许会说她是孩子不懂事，长大了自然就不会这样了。然而，在这一点上，很多父母却忽视了习惯对孩子成长的影响。人们常说一个好的习惯可以成就一个人，而一个坏的习惯则足以毁掉一个人。所以，父母一定不可以忽视孩子的日常行为，而应该从小就教育孩子尊老、爱老。

4. 给孩子制造 "回报" 的机会

生活中我们经常发现，父母习惯将自己的孩子视为掌上明珠，当他们想帮助父母做事情的时候，父母往往会说："你去休息吧，如果真没事做，那就去看看书。" 殊不知，父母的这一做法，已经无形之间扼杀了孩子的感恩之心。要知道，孩子只有懂得付出、懂得 "回报"，才会懂得珍惜、懂得体谅，所以父母应该学会接纳孩子的付出和体贴。

金金的父母很会教育自己的女儿。在金金很小的时候，妈妈就教女儿整理自己的房间，做一些简单的家务。当家里来客人的时候，爸爸会让金金帮忙倒茶。客人走后，金金还要帮忙打扫房子。就这样，金金体会到了父母的辛苦，等她渐渐长大后，她也开始关心爸爸、妈妈了。

在培养孩子的过程中，很多父母都不舍得让孩子去做家务。殊不知，让孩子从小学着做家务，不仅培养了他们的生活能力，同时也让他们体会到了父母的不易，激发他们的感恩之心。

5. 让孩子感受生活的美好

有些在优越条件下长大的孩子，根本不知道什么是贫困，什么是吃不饱、穿不暖。父母可在孩子沉浸在幸福中时，通过巧妙的方式告诉他："有些地方的一些和你差不多大的小朋友，他们现在连饭都吃不上，玩具也没有。" 这会让孩子知道，世界上不只有幸福和甜蜜，也有痛苦和不幸。孩子会从这些对比中体会到自己的幸福生活，会因此而产生感恩情愫。

❦ 谨言慎行，听话才是乖孩子

霖霖平时很听父母的话，因为在他眼中，父母总能给他对的建议。霖霖的父母在教育孩子时，要霖霖时刻记着尊老、爱老，平时在长辈面前尤其要谨言慎行，这是非常重要的。

有一次，和霖霖玩得很好的几个同学相约翘课出去玩，当然，这个行动没有少了霖霖。他的同学发现体育课的自由活动没有人监视，他们可以翻墙出去。都是五年级的小伙子了，翻墙也不是什么难事。霖霖也非常想出去玩，但是他还是犹豫了。

在霖霖的脑海当中有两个小人在打架，一个告诉他和朋友一起出去没有错；另一个则告诫他要谨言慎行，眼看着就要毕业了，不能给自己留下不好的记忆。思来想去，他还是决定遵从父母告诫他的要谨言慎行。他放弃了翘课的想法，也劝朋友不要去。可是霖霖的同学还是执意翘课了。

没想到，那节课班主任来查人数，霖霖的那几个朋友都被找了家长，只有霖霖没有事。这件事让霖霖顿悟了，原来爸爸、妈妈说的是对的，小孩子的那点小聪明放在大人眼里根本不算什么，幸好自己没有自作聪明，否则一定会让父母失望的。

现在很多家庭都是独生子女，因此父母也将最大的关怀全部给了孩子，很多孩子被宠得无法无天，甚至还要求和父母长辈"平等"。不过由于孩子们对于平等的认识度还不够，所以他们的"平等"很多都表现得没大没小。

有的孩子不懂尊重长辈，他们觉得自己长大了，就可以不用尊重师长了。但实际上，这是最起码的礼貌和教养。如果孩子在长辈面前也不懂收敛，那么孩子最终只能成为一个没有教养的孩子。

举例来说，有的爷爷、奶奶因为疼爱孩子，所以孩子说什么听什么，即便对自己不够恭敬，但他们也选择了包容。孩子不懂得心疼长辈，觉得家长为自己做什么都是理所应当的，有时甚至会指责家长、批评家长。

从长辈这方面来看，原谅孩子、不去计较是因为爱孩子。但是这样做的结果往往是让孩子的认知出现偏差，更加不知收敛。所以，无论家长怎样疼爱孩子，也不该给孩子他本没有的特权。家庭成员之间的关系应该是平等的，但是该有的礼貌和教养还是要有的。孩子的那点小聪明，家长识破了，就应该让孩子知道，不应该一味纵容，否则成为习惯后再改就难了。

家长应该知道一点，既然家庭成员之间要平等，那么孩子做错了事也不应该有特例。要让孩子学会在长辈面前谨言慎行，形成习惯后在其长大也会如此，并能够通过长辈的教导和为了长辈的安定生活而检点自己的行为。

1. 以身作则很重要

孩子在父母面前永远都是孩子。作为父母，你要想让孩子孝敬自己，首先要懂得孝敬自己的父母，也就是孩子的祖辈。这样通过以身作则、言传身教，孩子才能懂得尊敬长辈。反过来说，如果家长认为自己成人了，是家中的主心骨，对待老人没有了耐心和孝心，那么孩子也会觉得祖辈没有资格管教他们，甚至认为有一天自己也可以这样对待自己的家长。

所以说，家长要先在长辈面前谨言慎行，孩子才能慢慢养成谨言慎行的好习惯。

2. 让孩子知道自己还小

有时孩子有恃无恐是家长给的特权，他们觉得自己可以无法无天，即便和家长撒谎，在家长面前不知收敛，父母也不会知道。有的家长很可能觉得孩子这样很可爱，像个"小大人"。殊不知家长如果不及时教育孩子，发展到以后孩子很可能就会变成一个口无遮拦的人了。

虽说家长不该时时以家长的权威压制孩子，但有时父母也需要这样的权威，让孩子明白自己还在成长当中，很多经验都不如家长，要听家长的话。当孩子对父母有一分恭敬之后，他会慢慢听取家长的意见，形成一种习惯，自然就懂得尊敬长辈了。

3. 让孩子和长辈说话时不要肆无忌惮

现在的孩子，由于受信息爆炸、知识洪流的影响，每一个都"无所不知，无所不晓"。那么怎样防止、改变这些孩子不把长辈放在眼里的习惯呢？最简单、最有效的就是告诉他们：在长辈面前说话要多注意，千万不要肆无忌惮，想说什么说什么。

弯弯是一个大大咧咧的孩子，他在一个很自由的环境当中长大，家长也经常纵容他，这让孩子在家长面前说话也不知注意。有一次他去奶奶家玩，拿出自己的遥控飞机磨着爷爷陪自己玩。爷爷自然不会玩，弯弯看了就说："哎呀，这都不会，你笨死了。"这话被弯弯的爸爸听到了，打了弯弯。弯弯觉得很委屈。

我们要让孩子知道，长辈都是爱护晚辈的，他们愿意把自己的人生经验传授给晚辈，让晚辈少走弯路。在这种情况下，如果孩子再不懂得珍惜，那么早晚可能就有后悔的那一天。正所谓"不听老人言，吃亏在眼前"。

4. 告诉孩子，不要在长辈面前炫耀自己

有的孩子一旦取得点成绩，就喜欢在人前炫耀，面对长辈时也不例外。岂不知这样做，对于他们自身的成长是非常不利的，谁见过一个爱炫耀的人能得到别人的尊敬和喜欢呢？再者说，如果总是炫耀，那么就会让长辈接受这样一个信息：孩子很有能力，不需要自己的帮助。那么，从此长辈可能就会疏于对孩子的管教，而使孩子在失去了长辈的管教和支持后将情况搞糟。

李薇是个急性子的女孩。有一次家庭作业要求给家人做一顿饭，李薇便找来姥姥帮忙。在做饭的时候，姥姥发现李薇学得挺快的，就夸了外孙女几句。没想到李薇倒骄傲了，对姥姥说："我可聪明了，行了，我已经会做了，不用你教我了。"姥姥看见孩子挺自信，叮嘱了几句要小心用油就离开了。没想到李薇太骄傲，并没有听奶奶的叮嘱，结果被热油烫伤了手。

我们有必要提醒孩子，一定要存有谦卑之心，不管自己多么有才华，都不要炫耀，面对长辈的时候，要表示自己的感激和感谢。孩子一旦这样，长辈就会更加疼惜和关照他，他有了什么不足之处长辈也愿意指出来，促进他们的成长。

5. 不允许孩子瞧不起长辈

很多孩子犯有瞧不起家长的毛病，觉得同学父母如何如何强，而自己的父母如何如何差。作为家长，显然是非常不希望自己的孩子有这种想法的。

既然如此，那么我们就要告诉孩子，不管父母及其他长辈是怎样的情况，他们生平所经历的一切对孩子来讲都是宝贵的财富。长辈们的不足，可以成为他们警惕的地方；长辈们的优点，是他们学习的榜样。

❀ 与陌生人交往时，不要带有偏见

菁菁和逗逗是家住同一楼层的邻居，也是好朋友。前不久，他们多了一位新邻居——朵朵。朵朵家的房间里经常传出吵闹或者哭叫的声音，以至于菁菁认为，朵朵一家肯定是从某个偏僻的地方搬迁过来的，她甚至猜想，朵朵的家长估计也是一副凶巴巴的样子。

带着这样的"猜想"，菁菁和逗逗都决定不和新来的朵朵玩。有时候见到朵朵就赶紧走开。如果在走廊里遇见，没地方躲的情况下，她们便用一种奇怪的眼神望着朵朵，摆出一副拒人于千里之外的样子。

然而，有一天，这一情况彻底改变了。

那是夏季里的一天，当菁菁和逗逗在外面玩够了回家的时候，天空下起了大雨。而菁菁赶紧摸自己的口袋却找不到钥匙，而她的爸爸、妈妈已经去单位加班了，家里只有她，还有来她家串门的逗逗。恰巧逗逗的父母也没有在家，并且没给逗逗留钥匙。他们认为菁菁和逗逗这么要好，两个孩子只要有菁菁家房门的钥匙就可以了。

此时，楼上的朵朵透过玻璃窗看到了在广场上不知所措的菁菁和逗逗，看起来她们似乎是在找东西。朵朵就连忙拿了雨披和雨伞，穿好雨鞋下楼了。

就这样，菁菁和逗逗在朵朵的帮助下，没有被大雨淋到。朵朵邀请她们来自己家里做客，并为她们准备了零食和温开水。菁菁和逗逗在朵朵的热情照顾下，顿时觉得无地自容起来。

从那之后，她们开始把朵朵当作自己的好朋友，三个人组成了形影不离的"小姐妹"。

事例中朵朵用自己的热心帮两个原本对自己不友好的邻居解了燃眉之急。相比较而言，菁菁和逗逗一开始的做法则有些不太友好。通过她们三个的表现也可以看出，在交新的朋友这件事上，朵朵显然更胜一筹，而菁菁和逗逗有待加强学习。

作为家长，我们肯定希望自己的孩子就像朵朵这样善于帮助别人，主动热情地对待他人，从而赢得朋友的友谊。但是，我们每个人都有自己的主观看法，很容易被自己对人的第一看法左右，从而产生偏见。

有的人或许说了一句让我们反感的话，或者不经意的一个行为让我们产生不好的印象，就很容易产生偏见。大人尚且如此，更何况是孩子呢？他们在交往中通常都会比较直接，喜欢就是喜欢，讨厌就是讨厌。但有时我们对他人的认识是片面的，如果家长不引导孩子拓宽自己的眼界，那么孩子很可能看人的眼光也很狭隘。

那么，怎样才能消除孩子的偏见？

1. 鼓励孩子主动参与交往

有的家长对于孩子结交新朋友持无所谓的态度，他们觉得时间长了孩子们自然就熟悉了，没必要刻意去让孩子太过主动和热情地与新朋友交往。其实这样做虽然谈不上有多大的坏处，但对于培养孩子的交往能力起不到任何积极的作用。

樱子从小跟着奶奶长大，最近才被父母接到身边。她的爸爸、妈妈发现自己的孩子似乎很难融入集体，经过观察，他们发现了樱子似乎对交朋友这件事情不太热衷，时而还会对主动过来说话的孩子冷眼相待。于是他们开始引导孩子和周围的邻居交往，渐渐地，樱子开朗了许多，也不是其他孩子眼中的"怪孩子"了。

家长应该鼓励孩子主动与周围的小伙伴或同学交往，条件适当的情况下，还为孩子们"牵线搭桥"。比如父母邀请孩子的同学或邻居家的小伙伴来自己的家里玩，或者陪着孩子到小区里和别的小朋友一起玩，等等。这样，孩子就有更多接触新朋友的机会，交往的胆量和能力也会随之提高。

2. 教育孩子多注意别人的优点

家长们或许会发现，那些不善于交朋友的孩子，往往有着非常挑剔的表现，比如他会说这个同学不好，那个同学不卫生等，总是给人消极的评价。实际上这就是一种偏见。其实这主要是因为孩子需要求得心理平衡而做出的"判断"。当面对这种情况，父母不可迎合孩子的观点，而应劝导他多发现别人的优点，多赞美别人，而不是指责和挑剔。

3. 尊重孩子自己的选择

孩子也有自己不同的交友需要，因而也要给予孩子充分的择友权。不要认为孩子不喜欢和别的人玩就是存有偏见。对于我们而言，成人之间的交往也是有选择性的，每个人都有属于自己的气场，两个人的气场"频率"相同，就可以友好相处；如果性格等不相同，那么很难成为朋友。孩子也是如此，所以家长可以给孩子交友的建议，但最后还是应该尊重孩子的选择。

4. 教育孩子要乐于助人

人与人之间关系的建立，很多时候是由于"帮忙"而引起的。因此，家长们可以让孩子通过关心他人、帮助他人的方式，来拉近自己和同学之间的距离。例如，当有同学向自己求助时，只要自己能帮得上忙，就要毫不犹豫地伸出援手；当同学遇到困难的时候，要主动热情，雪中送炭。事实上，在孩子帮助他人的过程当中会渐渐了解他人，这样可以消除孩子对他人的偏见。

5. 让孩子懂得宽容

宽容是孩子应该具备的特质。很多孩子之所以对别人产生一种偏见，是因为看待他人不够客观，由此形成一种心理定式。因为眼中尽是别人的缺点，所以优点也被孩子忽略掩盖了。家长要做的就是引导孩子客观、宽容地看待他人，找到他人的闪光点，以此消除偏见。

🍂心怀宽容，让孩子气度非凡

谷龙从幼儿园回到家里，妈妈看到他嘟着嘴的样子，就问怎么了。谷龙告诉妈妈："昨天小宇借我的魔法棒玩，今天还给我的时候，把里面的电池都给用光了。他怎么能这样呢？我自己都知道节约着用，他却一口气给我用到没电。"

说完，谷龙就呜呜地哭起来。妈妈搂过他，轻声问道："那小宇有没有向你道歉呢？"谷龙说："他说'对不起'了。可是道歉有什么用呀，电池不还是没有了吗？"

见儿子这么委屈，谷龙的妈妈继续安慰了一会儿，然后对他说："宝贝，电池没了还可以再买，何必因为几节电池伤了同学之间的和气呢？等周末妈妈有时间就可以去商店给你买电池，先耽误你玩两天魔法棒，没问题吧？"

听了妈妈的话，谷龙渐渐停止了哭泣。妈妈趁热打铁，继续说道："你想想，前些天你把淘淘的遥控汽车弄坏，淘淘不是还对你说'没什么'吗？妈妈希望你也能向淘淘学习，大度些，原谅小宇。本来你让小宇玩魔法棒，是表现你的友好，小宇也会因此而开心，可是因为几节电池就闹得不愉快，岂不得不偿失吗？"

谷龙似有所悟，他对妈妈说："我现在就要给小宇打电话，就今天对他不满的事向他道歉。"让谷龙没想到的是，小宇回家和父母说了这件事后，他的爸爸、妈妈赶紧拿出家里的电池，让小宇第二天带给谷龙了。

古圣人孔子曾说："躬自厚而薄责于人，则远怨矣。"如果明知道别人做得不够好，或者不对，我们却宁可自己吃点亏而不去争斗、不去责备，就属于宽容。

宽容是一个人内在素养和气度的体现，它表现了一个人的思想水平。如果我们的孩子学会了宽容，那么他将懂得正确看待别人的短处，从而和别人和睦相处；如果我们的孩子学会了宽容，那么他就会学习别人的长处，从而可以让自己不断得到提升。

所以，身为父母，我们要想让孩子能够和周围的人融洽相处，能够真正成为一个有素质、有修养的孩子，那么就有必要让他从小学会宽容，能够以善良、理解、尊重和原谅的心态来对待别人。这样一来，不但能让对方因为获得原谅而充满感激，而且反过来也会让我们的孩子获得别人的理解和尊重。那么家长应该怎样帮助自己的孩子培养宽容的习惯呢？

1. 不要用世俗的眼光来影响你的孩子

有的父母喜欢在孩子面前讨论他的伙伴，比如说"溪溪那个小姑娘，真不懂礼貌"，或者"哲哲那个小男孩简直太淘气了"等，这样会让孩子也对其他同学过于挑剔，会影响他长大后看待他人的眼光。

与此相反，如果父母能在孩子面前夸奖别的孩子的优点，那么孩子既会获得激励，又能够让他知道每个人都存在优点，这样对于孩子以自我为中心的思想会起到一定的纠正帮助。

或许有的父母觉得，自己的价值观已经定型了，对于孩子或者事物的评判是难以改变的。如果是这样的话，那么请父母们也不要把对某些人和事物的偏见在孩子面前表现出来。因为这会让孩子在潜意识中也受到偏见的影响，从而对这些人或者事物存有偏激的看法。

最好的办法是，父母不去评论，或者只说优点，而不提缺点，这样你的孩子就会受此影响，而多一些宽容，少一些挑剔。

2. 引导孩子树立正确的价值观、世界观

人就像树上的叶子，各有不同。不但外形上有所不同，而且每个人的思想、观念也都不尽相同。这就导致了不同的人，会有不同的文化背景、不同的思维方式、不同的价值观念等。所以，这就需要我们逐步让孩子一一理解，以此避免孩子养成"唯我独尊"的心态，能够容忍别人跟自己观念相悖的地方。

当然，我们必须承认，由于孩子心智不成熟，待人接物的一言一行中难免会存在一些问题。但是父母们只要具有耐心，并且能够以身作则的话，那么孩子就会在这样的教育观念和环境熏陶下，逐渐成为一个懂宽容、有修养的好孩子。

3. 引导孩子学会换位思考

在与人交往中，我们常听说"换位思考"这个词。其意思即指，当双方发生矛盾后，各自能站到对方的角度上思考问题，认真考虑一下对方为什么会这样做事、这样说话。如果真的能够做到这一点的话，就能够理解对方，就能够减少很多不必要的矛盾。

王家行这天回到家非常不高兴，因为他的朋友弄坏了他精心准备的手工作业。虽然同学已经道歉了，但是他还是很生气。看到孩子这样，王家行的妈妈对他说："你应该站在同学的角度上看看。你有没有不小心伤害过同学呢?"王家行想了想,然后点了点头。妈妈接着说:"这就对了,谁都有不小心的时候,当时你是不是感觉很愧疚?等着同学的原谅呢?同学不原谅你,你是什么感觉呢?"听完妈妈的话,王家行马上给同学打电话说自己已经原谅他了。

孩子如果能够站在父母的角度上考虑问题,就会了解父母对于子女的良苦用心;如果站在老师的角度上考虑问题,就会理解老师这一辛勤园丁培育"花朵"的艰辛;如果站在同学的角度上考虑问题,就会觉得大多数同学是可爱、可亲、可交的。由此可见,教孩子学会心理换位是非常有必要的。

❀让孩子自己找寻爱

小夏的爸爸、妈妈对她娇生惯养,希望给孩子的一切都是最好的。这就让孩子有了一种错误的认知,就是一切都应该完美,最好的生活就是一种完美。

这种错误认知让小夏越来越任性,最后甚至连自己的父母都不知尊重了。有又一次,小夏的妈妈买回来一些大虾。大虾很贵,所以她妈妈没有买很多,只买了十几个,够做一道菜的量。

晚上开饭的时候,妈妈将做好的大虾端上了桌。小夏看到大虾后非常兴奋，没开饭就吃了起来。妈妈没有太在意，觉得孩子嘴馋是正常的，不用去管。但没想到的是，在开饭前满满一盘子大虾只剩下一只了，其余的已经全部进了女儿的肚子。看到这样，小夏的妈妈觉得有点无奈，不过也没说什么，就剩下一只，也不值得剩了，就干脆自己吃掉了。

没想到，自己吃掉了一个虾却引起了女儿的不满，小夏大哭起来："那只是我留着明天吃的，你怎么给吃掉了啊？你明明就知道我喜欢吃，却还这样，你怎么做妈妈的啊？"

听到女儿这样控诉自己，妈妈又生气又失望，同时她也意识到，自己太过骄纵孩子，让孩子走上了一条错误的认知路。

现在人们的生活条件都提高了，每个孩子都过着衣食无忧的生活，他们有好看的衣服，有好玩的玩具。家长们能够做的就是尽可能地满足孩子各种各样的要求，让孩子过得更好一些，但有时家长的错误观念会让孩子的认知出现偏差。

孩子在人生成长的重要阶段当中，对一切的认知都还不够客观，他们的接受能力很强，可以接受正确的观点，同样，错误的认知他们接受得也非常快。这就要求家长给予孩子及时的纠正，否则孩子的认知一旦形成习惯，就会成为一种不可逆转的定式。就像小夏一样，她自私的认知已经成为了一种习惯。

其实现实当中这样的孩子不在少数。因为是独生子女，所以大多数家里都非常宠爱，这也就造成了对孩子的娇生惯养。在他们眼中，符合自己要求的就是完美，稍有一点不如意就觉得不幸福，受不得委屈，甚至责备自己的父母。

而孩子之所以会形成这种观念，家长是脱不了干系的。所以家长应该在孩子人生观、价值观发展的阶段，多给孩子灌输正确的思想，让孩子不要偏离方向，找到真正的幸福。

那么家长应该要怎么做呢？那就是家长应该要以爱来进行教育。只有爱的教育才可以让孩子感知他人的困难，并唤醒他们的良知与感情。孩子才会变得宽容而富有同情心，才能理解别人的需要，才会伸出双手去帮助那些受到伤害和需要帮助的人。一个不会爱的孩子是可怕的，他的感情生活也将是一片荒漠。所以，请父母给孩子一个方向，让他们勇敢地去寻爱，让他们在爱的指引下走向成功。

1. 用行动告诉孩子什么是爱

爱是阳光，爱是人类永恒的主题，爱是一种伟大的力量。没有父母不渴望拥有一个有爱心的孩子。当然，爱的定义有很多种，但是无论是哪种形式的定义，爱都是远离了自私，与名利无关的。爱是需要去学习的，就如同学习语言、学习如何工作一样。只有拥有爱、学会爱的人，才是最幸福、最快乐、最美的人，父母理应让孩子成为幸福、快乐的人。

请父母以身作则，对待自己的长辈及家里的老人真诚、有爱心，要与邻里和睦，对社会有爱心。父母应该多带孩子回外公、外婆和爷爷、奶奶家，与亲人在一起，让孩子体验到爱的温暖。父母还可以在节假日带孩子到福利院或者参加一些公益活动，让孩子在社会实践中亲身体会到爱心的温暖与力量。

2. 让书籍向孩子传播爱的种子

让孩子多阅读些有爱心的经典故事，从而启发孩子的爱心意识。

3. 让孩子与小动物相亲相爱

试着在家里养些小宠物，比如温驯的小狗、可爱的小猫，让孩子在与宠物相处、照顾宠物的同时学会关爱。还可以选择适当的时间带孩子到动物园或者乡下，让孩子在与动物和平相处的时候学会尊重生命、体验爱心。

4. 告诉孩子要热爱生命

列夫·托尔斯泰告诉我们人生并非游戏，因此，一个人并没有权利只凭自己的意愿放弃自己的生命。父母要让孩子明白，要热爱生命，要热爱生活。

5. 尊重——爱的最高境界

要让孩子了解父母爱他的方式。比如说爸爸曾经想成为一名空军，很遗憾的是因为诸多原因没能实现，所以希望孩子帮他实现这个愿望。可孩子却告诉爸爸，自己爱钢琴上那些调皮的符号。这位爸爸尊重了孩子的选择，带孩子去报了钢琴兴趣班，让孩子天天在喜爱的钢琴面前舞蹈。这位爸爸表达了自己的期望，但更尊重孩子自己的选择，这就是对孩子的一种爱。

小卫养了一只小金鱼，这只小金鱼是妈妈买给他的，但是最近小金鱼不吃食了。小卫上网查了之后发现，这种小鱼极其难养，它们在自然环境当中才能很好地生活。知道了这点之后，小卫犹豫了几天，最终还是将金鱼放生了。因为他觉得他喜欢金鱼，但更重要的是想看到它们活着。

爱一个人，并不是要强迫对方过上自己喜欢的方式，不是以自己想当然的方式给予对方，而应该是尊重对方的想法。爱的最高境界，不是只给予而不求回报，而是彼此间相互的给予，相互间的索取。这样，才能让对方感到这份爱不会造成负担，感受到自己是被需要的。家长要让孩子知道这一点。

第四章 情商观：
如何在感性与理性之间行走

Chapter 04

情商决定孩子心智能力的表现，

也决定孩子一生的走向与成就。

家长若能积极地对孩子进行情商教育，

使孩子拥有良好的情商能力，既感性又理性，

发现内心最深处的价值观。

这就能让其心理免疫力大大增强，

从而有能力去经营一个成功与快乐并存的美好人生！

Part1 勇敢做自己，做有主见的人

　　每个孩子都是独一无二的，父母要做的不是让孩子简单复制自己或他人的价值，而是让孩子成为他们自己。那么，请让孩子对自己的能力有正确客观的评价，不人云亦云，不随波逐流，坚持自己的主见，坚持走自己的路，进而充分发掘自我潜能，创造非凡人生。

做最好的自己，才是真的了不起

　　叶子和楠楠是非常要好的朋友，她们两个女孩子都非常可爱，但是性格方面却完全不一样。楠楠性格开朗，而叶子总是有些唯唯诺诺。尤其是在楠楠面前，叶子总是表现得像一个影子一样。

　　刚开始叶子的父母没有注意过这个问题，以为孩子天生性格内向，但是随着孩子渐渐成长，他们发现完全不是这回事。原来，叶子越来越有模仿楠楠的倾向。楠楠因为性格开朗，而叶子很难打开心扉去交朋友，所以她从心里羡慕楠楠。

　　叶子因为羡慕楠楠，所以总是忍不住去模仿，但是她又觉得自己和楠楠

不像。比如相同的裙子，她就觉得穿着没有楠楠好看。这深深地伤害了叶子的自尊心。另一方面，因为她羡慕自己的好朋友，所以总是忍不住和朋友对比，越是对比，她的自卑感越重，里面还掺杂着一些忌妒。但是，楠楠又是她最好的朋友，各种各样的情绪在叶子的心里翻腾，她也不知道真实的自己该是个什么样子了。她只是觉得自己一味模仿楠楠的行为很可笑。

叶子的父母观察着孩子，大概明白了孩子的想法。于是他们开始想办法开导孩子。经过一段时间的开导，叶子的性格变了很多，笑容多了，她也不再模仿楠楠了。渐渐地，除了楠楠，她的身边也有了其他的朋友。

有句俗话叫作"人比人，气死人"，每个人都是一个独立的个体，就像世界上没有两个完全相同的鸡蛋一样，人和人之间也有很大的差别。我们没有办法完全模仿另一个人，也不可能有另一个完全相同的自己。孩子正在成长，在这个过程当中他的自我意识会逐渐形成，所以说这个阶段对孩子的未来很重要。如果孩子在成长的阶段中刻意压制自己的个性发展，那么将不利于孩子的心理健康。

家长应该要让孩子知道每个人都有自己的个性，不要一味去模仿别人。如果他人身上有自己羡慕的闪光点，那么可以让自己向着那个方向去努力，但没有必要完全改变自己。家长要让孩子知道，保持自己的个性才是最重要的，只有不断向孩子灌输这个理念，孩子才能坚守住自己的个性，不会在成长的路途当中迷失了自己。

具体来说，家长可以从以下几个方面疏导孩子。

1. 通过故事激励孩子

有的孩子在成长过程当中因为个性凸显而觉得有些迷茫，他们因为不知道应该怎样对待自己的个性，而不断地压制自己，想让自己变得和其他人一样。这个时候如果家长发现了孩子的这个倾向，就需要注意了。讲故事是一个很好的途径。家长可以通过一些寓言故事，或者名人的事例，激励孩子保留自己的个性，做好自己。

2. 教会孩子爱自己

有时孩子难以真实地表现出自己，是因为在他眼里自己不够优秀，或者不够大众，不是理想当中的样子。在对自己不满意之后，孩子很可能渐渐地自我厌恶。如果自卑成为了孩子的一种习惯，那么他将很难维持自己的个性。

雅童在同龄孩子当中性格比较沉闷，大家也不太喜欢和她玩，因为总觉得雅童看上去有些阴沉。实际上，雅童很想融入大家的活动当中，但是她总觉得自己和他们不是一类人，自己说话很小声，又爱哭。因为这样，她一直没能融入其他孩子当中，越来越厌恶自己。

家长要告诉孩子一个道理：坦诚的自己最可爱。让孩子知道，无论孩子心中对自己有什么不满，在父母眼里他都一样可爱，而他身边的人也会喜欢他最真实的一面。要让孩子明白自己的优点和可贵之处，渐渐地，孩子会懂得爱自己，也就懂得做自己了。

3. 让孩子明白每个人都有缺点

作为家长，最重要的是让孩子认识到人无完人，每个人都有自己的缺点，不要因为一点缺陷就全盘否定自己。有了缺点就改正，如果是天生的缺陷那么就选择接受，毕竟那也是自己的一部分。

❀谁也不能为你负责，相信自己能做好决定

陈升在同学当中并不出众，就像是集体当中的一个影子，可有可无。当然，大家并没有排斥过他，只不过他也从来没有得到大家太多的关注。

之所以这样没存在感，是因为陈升从来没有发表过自己的意见。班级组织活动，大家都积极踊跃地发言，只有陈升随波逐流。对于他来说，大家的意见有很多，多自己一个不多，少自己一个也不少，最终一定会有方案。在课堂上小组讨论，陈升也是小组中万年不发言的人，每当同学们问及他的意见和看法时，他总会说："我没有什么特别的看法，我跟你们的看法一样。"时间久了，大家就习惯性地忽略了陈升的意见，甚至忽略了他的存在。

而陈升这样的性格则让他的父母很满意，因为他们从小就告诉陈升，做事不要强出头，枪打"出头鸟"。每当陈升提出反对意见的时候，就会被父母严厉地批评教育。上幼儿园和小朋友意见发生了分歧，他回家和爸爸、妈妈说，不管前因后果也会被父母批评，最终不管他是对是错，都要给同学道歉。

慢慢地，陈升习惯了隐忍，习惯了不去发表自己的意见。开家长会的时候，陈升的父母才发现，自己的孩子就好像没有朋友一般，在人群当中就像找不出来一样。

很多家长都希望自己有一个出色的孩子，但是又不希望自己的孩子太过

132

有个性，总觉得"随大流"准没错。如果家长们这样想那就大错特错了，因为时代已经发生了改变，现在和未来社会需要的是有主见、有个性的人才。如果一味只会奉承别人，那么很难有所作为。

纵观历史，能够担当大任的人都有自己的主见，只知顺从，那么永远只能随波逐流。现代社会竞争激烈，只有掌握了主动权才能占据有利位置，否则就会被无视。没有任何一个家长希望自己的孩子未来只能庸庸碌碌地操劳一生，那么现在就不要压制孩子，让孩子大胆说出自己的意见，即便周围都是反对声，也要他坚持自己坚信的事实。只有养成了这种习惯，面对未来的挑战时孩子才能坚持，才能成为一个了不起的人。

不管家长们有什么样的经历，对孩子的教育观念都要改一改了，从现在开始，让孩子的声音脱颖而出吧！

1. 允许孩子质疑家长的权威

有的父母很重视家长的权威，认为孩子就应该听自己的话。但是家长们不应该忘了，孩子是一个个体，随着他的成长，他的独立意识会逐渐形成，他会有自己的意见、想法。那是他们对周围事物的认识，是属于他们自己的。这个时期对于孩子的认知尤为重要，家长如果保护好孩子的主见，那么孩子慢慢就会表达自己的想法；相反地，如果父母以家长的权威压制孩子，那么他可能就会因为害怕而不敢发表意见了。

图图刚上小学三年级，别看年纪不大，主意倒是不少。而且图图总有一些好点子，很多同学咨询图图的时候都能得到很好的建议。在同学们讨论什么问题的时候，图图也是一个中心人物，因为他的意见总是很有用，而且很特别。这要感谢图图的父母，他们以朋友的身份和图图交流。每当孩子和自己的意见有分歧的时候，就和孩子分析，看看谁对谁错。如果是孩子错了，他们也会给孩子讲为什么不能那样。时间久了，图图自然也懂得明辨是非了。

孩子的认知正在发展当中，这个时候难免会有一些错误的看法。面对孩子不同的意见，即便是错误的，家长也不能一下子否定，而是要给孩子讲他哪里错了，以引导的方式来规正孩子的意见。当一件事没有固定的答案时，孩子提出了不一样的意见，家长应该鼓励，而不是否定，这样只能压制孩子，让他不敢发表意见，久而久之，孩子的性格还会变得懦弱。

2. 来一次家庭辩论赛

有时孩子并不是没有想法，而是不懂得表达。家长应该要引导孩子，让孩子知道光有想法是没用的，还要将它说出来，或者付诸实施才是最重要的。比如家长可以和孩子一起看辩论赛，让孩子有意识地接触这些不同的观点。家庭会议也可以让孩子参与其中，鼓励孩子发表自己的意见。偶尔也可以搞一次家庭辩论赛，调动孩子的积极性，时间久了，发表自己的意见自然会成为孩子的一种习惯。

3. 告诉孩子勇敢一些

很多孩子不是没有发表过自己的意见，而是对自己的意见容易放弃，没有自信。家长应该多鼓励孩子："孩子，勇敢一些，坚定一些，如果是自己坚信的，就应该坚持到底。不要在意周围反对的声音有多么高涨，一定要让自己的意见立住脚。如果自己都不能支持自己，那就没人能支持你了。"

相信自己，你就是天才

　　诗诗这个女孩子很聪明，但就是缺乏那么一点点自信，所以她时常表现欠佳。有时和同学一起讨论问题，她觉得同学错了，可是好几个人都回答出了同一个答案，明显地和自己的答案不一样，这个时候诗诗总是改掉自己的答案。但结果却是她原本的答案是正确的，一般不够细心的人都会算成另一个答案。每当这时，诗诗都会在心里说："我算对了。"

　　但她并没有在那之前公布过自己的答案，看到别人的答案之后她没有思考就直接改掉了。

　　再比如说，假期里她和好朋友相约出去玩。两个人计划好路线，在乘坐公交车的时候她的朋友说坐 543 路，而诗诗记着是 547 路。她想应该是自己记错了，所以没有任何异议地和朋友坐上了 543 路公交。事实上她是对的，朋友错了，所以她们绕了很多的冤枉路，最后时间很晚了，没有玩尽兴就匆匆回了家。

　　这样的例子还有很多，不是诗诗什么行动都慢一步，而是她从来都没有相信过自己，遇到事情的时候最先放弃的是自己的选择和意见。虽然有时诗诗意识到自己的问题，但沉默和放弃已经成为了自己的一种习惯。她发现了这一点之后，慢慢地甚至不再去想不一样的想法，别人说什么就是什么。

像诗诗这样的情况，应该是做家长的最担心的事情了。孩子不是没有想法，而是不敢于表达，也就是没有主见的表现。这并不是天生的，而是后天形成的，也并非是一朝一夕的变化，而是长时间的一种习惯。

家长应该要懂得如何引导孩子大胆表达，如何自信起来。只有孩子相信自己，才会相信自己的想法。孩子有了自我认同，才能自信地表露自己，才能获得别人的认可。试想一下，如果孩子都不相信自己，那么他的看法又有几个人会去关注？

自信是孩子有主见的前提，所以要想孩子养成自己有主见的习惯，就要让孩子先学会相信自己。

1. 鼓励孩子大胆表达自己

每个孩子都有害羞的时候，当孩子羞于表达自己的想法，而家长没有重视的话，那么孩子只会越来越羞于表达自己，最终变成了一个随波逐流的人。家长要经常引导孩子，鼓励孩子大胆表达自己的想法，这样孩子才会有被重视的感觉，才会越来越自信。

小智在班级里担任班长，大家都非常信服他。任谁也不相信，半年前的小智还是一个羞涩的男孩。小智的父母认为孩子很有想法，只是对自己不够自信。他们便决定利用小智成长的这个阶段培养小智的自信心。他们经常和小智一起去博物馆，一起看书、看电视，经常问小智的看法。小智表达了自己的看法之后，父母加以鼓励，渐渐地，小智越来越敢于表达，也越来越有主意。

有些事情家长可以多问孩子的看法，这样孩子才能慢慢习惯于表达自己。

家长可以多提一些问题，在孩子回答的过程当中，实际上就是在表达自己的看法。当孩子习惯于发表自己的看法之后，自然可以成为一个有主见的孩子。

2. 和孩子玩抢答游戏

有时孩子会有表达自己看法的欲望，但是错过了时机，可能就不会说了。家长可以和孩子玩一些抢答游戏，不要给孩子太多犹豫的时间，让他本能地表达自己的看法。时常进行这样的游戏，孩子在表达自己看法的时候就会少一分犹豫，多一分果断，时间久了，自然就养成自己拿主意的习惯了。

3. 不要打断孩子

这点很重要，有的家长在孩子发言的时候习惯于当时纠正。其实孩子说错了没有什么大不了，家长要耐心等孩子发表完自己的意见，然后再和孩子讨论，引导孩子自己找出正确的表达方式，这样才能让孩子慢慢自信起来。如果家长中途就打断，那么孩子会慢慢隐藏自己的想法，不自信。

总之，你要相信上天给了每个孩子一种与众不同的天赋，只是它藏在某个角落，等着你把它发掘出来。鼓励孩子相信自己吧，只有这样孩子才能给自己更多的信心，对自己的想法更加有把握，成为家长理想当中有主见的孩子。

✤ 教育孩子坦诚做人

阳阳今年 16 岁，一天，妈妈的两位同事王阿姨和刘阿姨一起来她家玩。因为两位阿姨的家庭背景不同，所以两个阿姨一进门，阳阳就表现出很大的待客区别：阳阳对王阿姨很是热情，一会儿夸王阿姨身材好，一会儿夸王阿姨长得漂亮，一会儿又夸王阿姨有学识；而在一旁的刘阿姨，阳阳只是在人家进门时问候了一句，接下来是不闻不问。看到阳阳的表现，在座的三个大人都很尴尬，虽然妈妈极力地想让气氛好些，积极地和刘阿姨攀谈，但是刘阿姨脸上表现出的不快，还是让妈妈和王阿姨觉得很难为情。所以客人来了不到半个小时，就匆匆离开了。

在日常生活中，我们经常可以看到这种情况，为什么会这样呢？

首先，这跟青少年的认知能力有关，他们想刻意地消除自己身上的稚气和天真。

其次，一些处于青春期的孩子，随着自己身体的快速发育，想急需得到大人的认可，渴望着别人将他们当作成人，平等地尊重他们、理解他们，因此他们强迫自己表现得像一个成人，模仿大人的一些错误的行为举止、思维方式等。

所以，父母们应该积极地帮助孩子们摆脱这种错误的思维方式，积极正确地引导他们，还孩子一个纯真、可爱的美丽面孔。

那么我们应如何加以引导呢？

1. 父母要做好榜样

父母是孩子最好的老师，在生活中父母要做好榜样，摆正自己的心态，待人接物应该公正、真诚，要知道你的一言一行都在潜移默化地影响着孩子，从现在开始给孩子树立一个良好的榜样吧！

2. 多接触正面事物

要注意让孩子多接触正面的人物，避免让孩子接触品行不良者。应该严格监管孩子去一些成人场所，如网吧、游戏厅等。不把孩子牵扯到成人的日常生活交往中来，避免孩子思想上遭受污染，受到不良影响。

现在网络发达，电视节目也很多，孩子接触外界的面变广了，虽然这能增加孩子的见识，但如果不筛选的话，一些负面的信息也会传达给孩子。所以家长应该要注意孩子的动向，让孩子多接触正面的事物，拒绝负面信息，要养成真诚的习惯，坦诚做人才能被社会所接纳。

✦ 勇敢点，成功的门是虚掩的

于强的父母是普通的工人，他是家里的独子，因此，他成了全家人的希望，而于强也立志要考上大学。

但是苦难却横亘在于强的梦想之路上。在于强 11 岁时，爸爸因工伤左眼失明，后来又因为肾积血而摘除了左肾，从此再也不能干体力活了。祸不单行，不久，于强的妈妈也下岗了。一家人只能依靠爸爸每月 300 元的工伤补助费艰难地维持生活。于强感觉那段日子家庭生活变得十分压抑。他感觉自己必须挑起家里的大梁，于是毅然决定要靠打工自己供自己上学。

于强向最好的朋友借了 30 元钱，然后自己跑去批发市场买了一些小商品，准备拿到学校门口出售。但是他没有想到，平时看来司空见惯的事情，等轮到自己时竟然这么困难。第一天，他根本没有勇气把商品拿出来卖。第二天，于强找了一所比较远的学校，然后将商品摆在地上，但是他还是不好意思吆喝，过了很长时间才走过来一个学生。那天他只赚了 1 毛钱，但是这 1 毛钱是他第一次靠自己赚来的。从那一刻开始，于强深深体会到了赚钱的艰辛，懂得了这里面凝聚了太多的汗水和辛苦，越发变得勇敢了。

半个月后，于强赚了 100 元。他用这笔钱为自己买了一本词典，为爸爸、妈妈买了一些营养品。当他拿着东西回到家，爸爸很诧异地问于强钱是哪里来的，于强这才将自己半个月来赚钱的事情告诉了爸爸。爸爸的嘴角不停地颤抖，努力地控制着自己的情绪，最后什么也没说。过了几天，爸爸突然问于强："你是从哪里进的货呀?"之后，爸爸就开始做起了小生意。

就这样依靠自食其力，于强勇敢地战胜了生活中的困难，顺利地毕业了，并且以总分630分的成绩考入了梦寐以求的大学。

这个事例能让家长们反思一下自己平时的教育。现在大部分家长都会将自己的孩子捧在手心里，孩子想要做什么都不放心，但是就在这种过度保护当中，孩子渐渐失去了无惧的勇气。

家长们可以发现，孩子们崇拜的那些勇敢的英雄人物都是勇敢而坚强的。事实上，我们人类有一种崇拜的本能，当我们渴望什么的时候，就会崇拜什么。如果你的孩子崇拜那些勇敢的英雄，那么家长就要注意了，你的孩子在渴望勇气。作为家长，唯一能够帮助孩子的不是无微不至地保护他，而是将他的崇拜变成他的信仰，进而成为孩子的习惯。

勇气，将造就你的孩子，让他们在未来的每一个人生关头勇敢地面对一切。无论风雨多大，只要孩子心中保持一种自信的勇气，他们就一定不会因此而气馁或陷入绝望之中。

1. 将故事当中的勇气转化成为现实

孩子有时能够从故事当中获得能量，所以家长不妨利用这个途径让孩子的勇气得到提升。如果孩子害怕独自走路，家长不妨给孩子讲讲英国探险家斯科特征服南极的故事。如果孩子害怕黑夜，父母不妨讲讲鲁迅先生走夜路的故事。如果孩子害怕失败，父母可以讲讲美国大发明家爱迪生怎么经历了多次失败发明了电灯。

2. 鼓励孩子进行培养勇敢精神的体育活动

假日里，家长可以与孩子一起爬山，借此锻炼孩子克服困难的勇气；可以去公园里玩，鼓励孩子走一走"勇敢者之路"，如独木桥、铁索桥。家长要鼓励孩子多参加体育锻炼，如加入足球队、乒乓球队，这种体育活动竞争性强，有助于勇敢精神的培养。

3. 创造成功

孩子有时不够勇敢，家长应该要分析孩子怯懦的原因。通过分析就不难发现，孩子有时对自己抱有一种怀疑态度。家长如果能够为孩子制造一些体验成功的机会的话，孩子会从中获得勇气，逐渐养成勇敢的习惯，那么孩子的前路上就没有阻碍了。举例来说，家长可以让孩子独立从事各种活动，稍有进步，就予以肯定、鼓励。孩子能自己穿衣、自己走路，都应看作一种成功，使孩子产生自信。

Part2 控制住自己才能创造未来

自我控制能力可以使人成为自己生活的主宰者，从而拥有和谐的生活、成功的事业。为此，父母们需要告诉孩子几个绝对不能失去的东西：自制的力量、积极的情绪、冷静的头脑。只要你的孩子能做到这些，那你就大可放心了。

❧ 和负面情绪说再见

小希刚刚进入新的班级，她很沉默，也不爱说话。刚开始，有的同学主动上前和小希搭话，但小希总是淡淡的，不爱说话。渐渐地，同学们都不太愿意接近她了，因为觉得小希既冷漠又不好相处。

平时的小希总是一副恹恹的样子，看起来有些脆弱。大家以为她只是内向而已，也没有太在意。没多久，同学们发现小希和看起来的样子完全不同，她的脾气其实非常暴躁。原来，那天课间，有两个男同学在班里追逐打闹，他们玩得很开心，小希坐在自己的座位前看书。没想到后面的人扑到了前面的人，前面的人一个踉跄，就扑到了小希的桌子上，一不小心把小希的书给扯坏了。

在他还没来得及道歉的时候，小希就大哭起来，然后不管不顾地拿起东西丢向同学。铅笔盒的棱角磕到了同学的头，同学受伤了。这件事情让同学们离小希更远了，小希的班主任也找来小希的父母谈话。

从谈话中班主任老师得知，小希是一个喜怒无常的孩子，而且非常容易被负面情绪所控制。小希的家庭环境不是太好，父母之间总是有争吵，没有太多时间关注小希。小希为了躲避父母吵架的阴影就窝在房间里看书，至于她看的什么自然她的父母也不知道，看到几点也没人问。每天都闷在自己的屋子里，这让小希越来越封闭。

其实，小希的父母并不是感情不好，他们吵架也并不会影响他们的婚姻，但他们对孩子的忽略是真的。在和老师谈完话之后，他们觉得孩子的情况很不好，应该多关注关注孩子。回到家之后，他们第一次翻了女儿的东西，发现孩子看了很多悲剧故事，有的小说中还有很多暴力内容。翻看孩子的日记，他们发现小希甚至还有自杀的倾向！这个发现把小希的父母吓坏了，他们决定要将更多的精力放在孩子身上。

从那之后，他们开始尝试和小希聊天，还规定了小希的作息时间，也不在孩子面前争吵，每逢周末一家三口还会去野炊。在放松的时候，他们会教小希学习自我控制。渐渐地，笑容出现在了小希的脸上。

正在成长当中的孩子们比较敏感，内心往往波动较大，一些小事也会影响甚至是控制他们的情绪。有的家长或许认为这是孩子成长当中的必经之路，无须太在意，但事实却不是如此。就像小希的父母一样，他们不知道孩子内心的想法，当发现孩子有自杀倾向的时候才觉得可怕。

孩子对生命的认识还不够深刻，所以他们很有可能会伤害自己。当然，并不是所有的孩子都会这样，只是当负面情绪控制孩子之后，这种情况就有发生的可能性了。当情绪占上风的时候，孩子会失控，他们不会控制自己，失去理智。因此，家长要教会孩子自控，让孩子懂得自控，懂得疏散自己的负面情绪，这样孩子才能身心健康地成长。

1. 教会孩子如何面对消极情绪

积极情绪对孩子的健康成长至关重要，它甚至会影响孩子的思维模式和性格。因此，家长一定要培养孩子积极乐观的心态，要让孩子遇事习惯性地以积极乐观的心境去面对。这样就涉及如何处理消极情绪。

我们无法让孩子避免成长路上的各种挫折，当孩子有了消极情绪的时候，家长要及时引导孩子懂得转化心情。比如孩子心情不好的时候，做一些喜欢做的事情来转移注意力；也可以写日记发泄一下自己的负面情绪，等等。家长要注意，在孩子心情不好的时候安慰孩子也要用鼓励，而不是同情，这样只会让孩子觉得自己很可怜，负面情绪更深。

2. 良好的生活习惯很重要

试想一下，如果没有父母的话，孩子的生活会是什么样子的呢？那肯定是一团糟。因为孩子没有很好的自控能力，还不能很好地安排自己的生活，这时父母就应该要出面帮助他。

其实，生活习惯对情绪的影响也很大。比如说作息时间，如果生活不规律，睡眠不足，那么人们就很容易情绪低落；饮食不够科学，也有可能会让情绪受到影响……家长要保证孩子科学的饮食和制定合理的作息时间，有了良好的精神状态才能有积极向上的情绪。

家长在闲暇时也可以多带着孩子到郊外去走一走，感受一下大自然的气息，放松心情也有利于缓解不良情绪。而且在孩子放松的时候，家长和孩子之间的谈话往往更有效果，这时给孩子一些自控的建议孩子多半容易接受。

3. 教孩子一些自控的技巧

自控有时也需要技巧，尤其当负面情绪出现的时候，人们更需要进行自我控制，这样才能打消不良情绪，不会被情绪所掌控。

王青原来是一个脾气暴躁的孩子，做事很容易冲动。为了培养孩子的自控能力，王青的爸爸想出了一个主意。他告诉王青，每次要生气的时候，先数到十，如果数完后情绪好了一点就继续数数。别说，这个方法还真管用，在那之后，王青渐渐不受情绪控制了，自控能力也有了提高。

其实自控的技巧有很多，转移注意力是我们最常见的。你可以让孩子在情绪不好的时候深呼吸、唱歌或是数数等，这些都是非常有效的好方法。转移注意力的过程实际上也是孩子自我控制的过程，慢慢地孩子就会习惯性地用常见的办法应对负面情绪，孩子的自控能力也会得到较大的提升。

❤ 运用批评的艺术

今年萍萍升入了五年级，即将面临她人生当中的第一次大考。全家如临大敌一般，萍萍更是铆足了劲要考市重点。孩子知道学习，而且很努力，这让萍萍父母感到很欣慰。但是他们渐渐发现女儿的思想压力有些太大了，情绪波动非常大，而且听不得反面意见。

比如，萍萍学习到很晚，萍萍的妈妈非常心疼，就让女儿停下来睡觉，说这样对身体不好。萍萍就不高兴了，反驳妈妈说："我又不是小孩子了，不要总是管我。再说了，你又不是我，不知道我的作业有多难，要我考好学校又不让我学到很晚，我怎么做你才满意啊？"

听着女儿跟自己顶嘴，这么不受教，妈妈也生气了，批评起女儿来："说你一句你反驳三句。我说错了吗？别人家的孩子怎么不用学那么晚？不说你自己笨。你自己想想，我和你爸爸平时说过你吗？怎么这么听不进意见啊！"

听到妈妈说自己笨，本来就生气的萍萍更恼怒了，她和妈妈你一言我一语地吵了起来，谁都不让步。最终还是萍萍的爸爸出面调解，母女俩都非常不高兴地去睡觉了。萍萍因为心里不舒服，一晚上都没睡好。

第二天，萍萍精神状态不佳地去学校了。上课时因为太困趴在桌子上睡觉，老师下课后批评她，她梗着脖子不肯认错。老师叫家长，萍萍的态度反而更不好了。萍萍的新同学知道她这样后也不愿意和她在一起玩了，萍萍受到了孤立，但即使是这样，她也认为是同学的问题，而不是自己的错。

在教育孩子的过程中，家长的批评还是免不了的。毕竟教育孩子只靠奖励是不行的，只有表扬和批评并存，才能更好地促使其健康成长。但是我们也知道批评有时会有一些负面影响，这也不难理解。就拿成人来说，大家也都喜欢表扬，而不希望受到批评，更何况是思想单纯的孩子们呢？

但是，孩子们做错事在所难免，在孩子犯错的时候家长也应该批评。很多家长应该都发现了，自己的孩子在受到批评的时候很难保持平常心，或者是反驳，或者是不理睬，又或者是急忙认错，但是当我们问到孩子错在哪里的时候，孩子也不知道。这就说明孩子面对批评的态度不一定都是正确的，因为他们难以把控自己，更没有自控的习惯，自然会本能地做出反应。

说到底，家长之所以会批评孩子，是为了矫正孩子的错误，引导他走向正途，进步是家长们所期望的。如果孩子不能保持一个良好的态度，那批评也就失去了意义。家长应该怎么做呢？

1. 教会孩子直面批评

面对批评，躲避是一种本能，但实际上躲避并不能解决问题。家长批评孩子就是为了能够让孩子受教，但如果孩子连面对错误都做不到，那批评也就失去了意义。

在孩子小的时候，家长就应该让孩子适当地接受一些批评，这对于孩子的成长是有好处的。如果家长平时不怎么批评孩子，那么在批评孩子的时候就要注意"度"的把控。家长在批评前先想一想，以孩子的性格怎样表达他才能够接受，这样才能让批评发挥效果。

孩子的倾听也是非常重要的，如果他没有听进去，那么家长说多少也是枉然。家长平时应该多和孩子沟通，让孩子把自己当朋友。当倾听成为孩子的一种习惯，那么在你批评他的时候首先就不用担心孩子马上火冒三丈地反驳，不能自制了。

当孩子能够认真地倾听家长的意见之后，家长就要让孩子学会为自己的过错负责任，找到改正的方法，这样才能避免下次再犯同样的错误。

2. 注意批评的措辞和时机

有时孩子不能接受批评，是因为家长首先没有控制好自己的情绪。如果家长劈头盖脸就指责孩子，那么孩子即便知道自己错了，他也会本能地为自己找理由辩驳，这样批评就起到了反作用。因此，在批评孩子的时候，家长一定要找好时机，注意方式。

家长在批评孩子之前，要先让自己平静下来，这样才能理智地和孩子交谈。在教育孩子的过程当中，家长还要注意方式。孩子正处于一个敏感时期，家长不能伤害到孩子的自尊心，能够让孩子意识到自己的错误就行了。

父母端正了态度，控制了自己的情绪，孩子才能学会控制自己的情绪，端正自己的态度。当孩子习惯于控制自己的时候，在面对批评时自然能保持理智和平静了。

3. 解决问题是关键

不管家长因为什么批评孩子，多数都是出于好意，为了孩子能够进步，也就是说，解决问题才是批评的最终目标。在管教孩子的时候，家长不能一味地说，道理孩子都明白。当孩子意识到自己的错误时，最需要的是一个解决方法。所以，在家长批评孩子的时候，也要听听孩子的解释，之后才好找出解决办法。

小鹏是一个虚心受教的孩子，不管他的爸爸、妈妈说什么，他都不会顶嘴。这并不是因为他胆小怯懦，而是因为他能虚心地接受批评。之所以可以做到这点，是因为他的家庭很民主。当父母觉得小鹏犯错误之后，在批评他的同时也会给他"上诉"的机会，然后来判断他是不是真的错了，要怎么解决问题。

孩子如果犯了错，那么家长就应该听听孩子的原因，然后引导孩子从这次的错误中总结经验教训，以免以后会犯同样的错误。

❀ 一颗乐观的心比什么都重要

从前有一对美国兄弟，但是他们的性格却大相径庭。哥哥十分乐观，弟弟却非常悲观。他们的父母非常希望两兄弟的性格都能稍微改变一些，于是想出了这样的办法：将乐观的哥哥锁进堆满马粪的屋子，将悲观的弟弟锁进漂亮的放满玩具的屋子。

一个小时之后，当父母走进弟弟的屋子时，发现他正坐在角落里，一把鼻涕一把泪，脸上尽是沮丧神色。原来，他不小心弄坏了玩具，担心父母的责备，因此便不再玩耍，在哭泣中等待父母的到来。

接着，父母又来到锁着哥哥的屋子。这时他们发现，哥哥正兴奋地用小铲子铲着马粪，将散乱的马粪铲得干干净净。看到父母来了，他高兴地说："爸爸，这里有这么多马粪，附近一定有一匹漂亮的小马，所以我要为它清理出一块干净的地方来！"

这个乐观的哥哥慢慢长大，最终走上了成功之路。由此可见，乐观的性格为他带来的，并不仅仅是快乐和奋进的力量，还有不可抵挡的成功之势。

每一个父母都渴望自己的孩子拥有乐观心态，因为只有乐观，孩子才不会在困难面前畏缩不前，而是面对困难积极地想方设法跨越过去。这样的孩子无论在学业上，还是将来的生活及事业上，都会取得更理想的成就，活出更精彩的人生。

有的父母可能会觉得自己的孩子好像生来就比较悲观，什么都无法让他快乐起来。的确，有的孩子天生就带有些许忧郁的情绪，但这绝不等于无法扭转。因为，乐观的性格是可以逐步培养的。在早期诱发理论中，专家曾提到，性格是可以在后天的环境中被逐渐养成和改变的，悲观的性格也可以在实践中逐步改变。

那么，父母应该如何去做才能培养孩子乐观的特质呢？以下几点建议，父母应当牢记在心。

1. 带领孩子摆脱困境的束缚

成长的路上，孩子会经常遇到一些不如意的事，有的孩子可能很快就忘掉，但有些敏感的孩子会耿耿于怀，从而影响情绪。面对敏感的孩子，父母应多留意他的情绪变化，如果他能够自己解脱，则不用担心；假如他始终闷闷不乐，那么无论自己有多忙，都应该抽出时间来和他交谈，引导孩子学会忍耐和坚强地面对，并鼓励他向好的方面努力，不要因此而影响自己的情绪。

有一次，甜甜从学校回家后一直闷闷不乐。于是妈妈问她：“甜甜，今天学校里有什么有趣的事情吗?”甜甜噘着嘴说：“今天一点儿都不好。”妈妈问她为什么，她说：“我们班里来了一个新同学，很会说话，总给同学们讲好玩的事情，结果他们都不理我了。”看着失落的孩子，妈妈说道：“那不是很有意思吗？以后你就拥有一个会说笑话的小伙伴了。”甜甜听了以后想了想，就快乐地笑起来了。

在日常生活中，父母一定要认真观察孩子的情绪，只要他愿意和父母沟通，就要及时引导他将心中的烦恼说出来，这样他就会恢复快乐。

2. 别对孩子限制太多

一些孩子之所以不快乐，很可能是由于父母对他的限制太多，感觉自己没有自由。尤其在一些独生子女家庭，父母往往会对孩子的行为和举动十分小心，甚至替他包办一些事情，使他无法亲自体验做事的乐趣，同时也丧失了快乐的源泉。

其实，想要培养孩子乐观开朗的性格，家长就应允许他在不同年龄拥有不同的选择权。比如孩子两三岁的时候，家长可以让他自己选择早餐吃什么，什么时候喝奶，今天穿什么衣服等；五六岁的孩子，则可以在家长许可的范围内挑选自己喜欢的玩具，选择周末去哪里玩；六七岁的时候，父母应该允许他在一定时间内选择自己喜欢看的电视节目，以及何时完成作业……

只有拥有自由的孩子，才会感受到人生的快乐。因此，在一些事情上，父母不妨适当放手，给他一个自由活动的空间，让他自己去选择和处理自己力所能及的事情。

3. 对孩子进行希望教育

乐观的孩子，往往会对未来充满希望和憧憬；而悲观的孩子，则会觉得所有事情没有任何希望。因此，从小对孩子进行希望教育，不但可以帮助他驱散心中的阴影，而且会为他点亮希望的灯塔，让他找到乐观的方向。

毛毛从 6 岁开始就学习拉大提琴，并非常陶醉其中。一次，前来他家做客的小姨看到毛毛的状态，不由得问他："毛毛，你为什么这么高兴，难道你觉得拉大提琴很享受吗？"毛毛笑笑说："是啊，音乐本来就是一种愉悦的享受，我并不把学琴当成任务来完成啊！"后来，毛毛参加过几次市里的大提琴比赛，都取得了优异的成绩。

4. 要做孩子乐观的榜样

在教育孩子的过程中，父母自己必须要有乐观的态度。在工作和生活中，无论遇到怎样的困难，家长在孩子面前必须坚强、坚定，因为你处理困境的态度会直接影响孩子的做法。假如父母能够以身作则，在面对困境和挫折时保持自信、乐观、积极向上的态度，那么孩子在遇到困难时，自然会受父母的影响，从而乐观面对。

在日常生活中，父母要多向孩子灌输一些乐观主义的认识，让他知道，令人快乐的事情是长久和普遍的，而不愉快只是暂时的，只要乐观一点，生活仍然十分美好。比如遇到周末加班的情况，家长可以对孩子说："今天妈妈要去加班，这说明妈妈的工作很忙。"千万不要让他觉得你很讨厌加班，并且抱怨重重。

5. 让孩子尽情地快乐

孩子与父母之间的关系如何，在很大程度上决定了他是否快乐。如果孩子感到父母喜欢他、尊重他，态度温和，那么他自然就会活泼愉快，积极热情，自信心强。相反，如果老师、父母对孩子训斥多，粗暴，态度冷淡，孩子就情绪低沉，对周围的事物缺乏主动性和自信心。所以不要太压制孩子，孩子开心的时候就任他开心吧，不要自己觉得心烦而训斥孩子。

6. 丰富孩子的精神生活

我们知道，悲观和乐观是一种情绪，它们均可归于精神领域。所以，要想让孩子告别悲观，保持乐观，家长可以从丰富孩子的精神生活入手。具体来讲，父母可以鼓励孩子广泛地阅读，让他在阅读中增加知识，升华思想，比如可以为他选择一些名人故事、童话、文学作品等，使他的注意力转移到读书和陶冶情操上来。

此外，父母还要鼓励孩子多结交朋友，为他创造与同龄人交往的机会，比如带他去邻居家串门，邀请其他孩子到家里来玩，让他多和同学交流等。家长还可以搞一些活动，比如带他外出游玩，或者和他一起利用闲置物品制作小玩具等。

类似这样的活动都可以丰富孩子的精神生活，能够使他在各种各样的活动中体会到生活的乐趣，增强自信心，进而培养乐观积极的性格。

Part3　合理规划，做事要有计划

　　每个人的时间都是宝贵的，谁能够把握时间，谁就会利用时间，谁就最能接近成功的终点，可见人们对时间的管理也是个人价值观的一种重要体现。所以希望孩子成才的父母，都应该培养孩子做时间的主人，增强孩子的时间观念，使孩子养成惜时、守时的良好习惯，帮助孩子合理地利用时间，在规定的时间内做好自己的事情，这会使他们终身受益。

❧ 你的时间都去哪儿了

　　雯雯都已经上小学三年级了，但是她从小养成的拖沓的坏习惯还是没有改变。每天在上学之前，雯雯都要和妈妈进行一场"内战"。妈妈催促她赶紧刷牙洗脸、换衣服和鞋子，雯雯则慢腾腾的，注意力也经常被转移到别处。妈妈就冲着雯雯大喊，雯雯要么气鼓鼓地不予理睬，要么和妈妈对抗。如果妈妈再严厉一点，雯雯就会很不情愿地表面上答应，而行动并没有跟上，依然是磨磨蹭蹭的。每一件事情都要进行这样一番"较量"，结果经常是雯雯上学迟到，雯雯妈妈上班迟到。对此，雯雯妈妈很无奈，她不知道怎样才能改

变现在的状况。

很多家长都被孩子拖沓、磨蹭等行为习惯折磨着，他们都想要改变孩子的这个问题，但是就像雯雯妈妈那样，总是觉得无处入手。实际上，只要家长付出足够的耐心，培养孩子的时间观念，那么慢慢地孩子就会改掉拖沓的坏毛病。

事实上有很多家长存在这样一个误区，就是认为随着孩子的成长，他们自然会懂得时间观念。其实不然，孩子只是知道时间的概念并不等于有了时间观念。怎样支配、掌握时间这方面，家长需要教导孩子。当孩子学会如何把握时间之后，才算是真正有了时间观念，才会懂得珍惜时间，合理利用时间。

每个人的生命都是由时间搭建起来的，没有多余的时间让人浪费，所以时间观念的培养最好要趁早。孩子越早学会珍惜时间，懂得合理利用时间，他们的进步越大，越容易领先一步。每个家长都希望自己的孩子赢在起跑线上，那么就应该马上行动了。

1. 让孩子正确地认识时间，提高效率

对于喜欢玩闹的孩子来说，他们根本就不懂什么是时间，在他们眼中，快乐的时光是短暂的。家长可以利用这点来教育孩子，让孩子知道，做事情的时候时间在流逝，不管是玩，还是学习，或者是做其他的事情。要对时间有一个客观而真实的认识，这也是教会孩子珍惜时间、合理利用时间的前提和基础。

李梦是一个容易走神的女孩子，无论是吃饭，还是写作业，总是不专心，不知道她天天都在想些什么。对此，她妈妈说了她很多次，可就是没有效果。

后来她妈妈发现，李梦学习的时候总看表，原来她等着磨蹭完学习的时间看动画片呢！知道了这点之后，李梦的妈妈给李梦定了个规矩，如果专心写作业，写完以后她的时间是自由的。这样一来，李梦写作业的时候专心了，效率也非常高。渐渐地她走神的毛病改了，也懂得珍惜时间了。

孩子通常都会觉得学习的时间很漫长，尤其是家长给他固定学习的时间的时候。家长不妨从另一方面入手，规定任务量，而不是学习的时间，让孩子早完成早休息，这样孩子自然就懂得抓紧时间。在这个过程当中，孩子会慢慢体会到专心的好处，也会加强对时间的关注。时间久了，珍惜时间就会成为孩子的习惯，他也会在这个过程当中逐渐学会合理利用时间。

2. 至少让孩子误一次事

孩子不懂得珍惜时间有一部分原因在于父母，因为家长为孩子安排得非常好了，孩子根本不需要自己动脑筋去安排。在他的心里一定会这样想：我慢一点也没关系，爸爸、妈妈一定知道我磨蹭，会给我留出充足的时间来。如果时间快来不及，他们会提醒我。

家长应该打破常规，改掉孩子的这种惯性思维，可以偶尔不管他，让他自己承担误时的后果。这样第二次他就会牢牢记住，渐渐地他就会学习自己管理时间了。

3. 你要先做个守时的父母

如果家长做事拖拖拉拉，孩子很难当机立断。因此，家长要先拿出一个干练的样子来，做一个表率。榜样的力量无穷大，在家长的影响之下，孩子无形当中就会意识到要珍惜时间，从而学会安排时间。

家长除了平时要懂得守时之外，也可以和孩子一起制订计划，共同安排时间，这样孩子就会通过实践学会安排时间，懂得怎样分配时间更合理。当孩子做事时知道提前安排时间并成为一种习惯之后，那么家长就不用担心孩子做事拖沓、没有时间观念了。

4. 偶尔用点计时器

时间对于孩子来说有些抽象，他们不懂得时间的存在性，家长可以适当地运用一些计时器让孩子意识到时间的存在。比如孩子做事的时候给孩子限定时间，然后用闹钟、沙漏等工具计时。这样孩子会感到紧迫，懂得珍惜时间了，而且在这个过程当中孩子也会逐渐正确地认识时间。

✿孩子需要一张作息时间表

方涛的爸爸在听到别人说起为孩子制定作息时间表的重要性后，便向人家学习，立马实施了。他为儿子制定了这样的作息时间表：早上6：30起床；中午放学回家，吃完午饭后，做30分钟功课，然后上学；下午回家，先补习1小时英语，再看30分钟动画片，然后有半小时的时间属于自由活动；晚饭后可以休息一会儿或到小区花园里散步20分钟；之后，再回家温习功课，9：30上床睡觉。

对于这个作息时间表，方涛的爸爸以为比较完美了。可出乎他意料的是，才实行了不到两星期，他竟然发现方涛做功课的速度越来越慢，有时候还打瞌睡；有时候就连晚饭后的散步都让方涛疲惫不堪，等回来后再拿起书本学习的时候，根本无法集中精力。

见此状况，方涛的爸爸知道问题可能出在作息时间表上。有时儿子功课还未完成，他的好同学便打电话来问他看了某个电视节目没有；每天晚饭后的散步也似乎令他有些疲累。于是方涛的爸爸马上进行了改动。午饭后半小时的做功课时间改为午休时间，晚饭后的散步时间也根据孩子的需要而进行了调整。这样一来，时间表变得更有弹性一些，不久后，方涛的学习兴趣和学习效率都有了可喜的改观。

要保证身体的健康和日常活动的顺利实施，我们需要合理的作息时间来提供保障。这一点同样适用于孩子。时常有家长抱怨，孩子每天坐在书桌旁学习，可到头来成绩却不见起色，真不知道是脑子笨还是不够专心。

其实，父母们可能忽略了一个问题，孩子没有好的精气神，即便他一整天都在书桌旁，貌似是学习，可实际上可能是"磨洋工"呢！要知道，孩子心理的随意性很强，自我控制力较差。所以，他们坐着或许只是发呆，手里拿着书，心却在别处，或者看着天空胡思乱想。这样的状态，学习效果能好才怪呢！

孩子之所以如此，很可能因为没有合理的作息习惯。每天的吃喝、学习、休息等毫无规律，一片混乱，孩子就可能因为休息不好而缺乏足够的精力投入学习中。如果有合理的作息时间表，那么孩子就会比较主动地遵照执行，即使遇到管不住自己的时候，经过家长的提醒，也不会逆反，做起功课来效果也会好得多。

因此，家长们一定要为孩子安排好合理的作息时间，既让孩子吃好、睡好、玩好，又让孩子学好，这才是提升学习效率、提高学习成绩的"法宝"。

作息时间表对于孩子而言很重要，而且制定学习时间表也是一门学问。

1. 长计划和短计划相搭配

我们在为孩子制定时间表的时候，一定要注意长、短计划相结合。所谓的长，即长期计划，它是在一个较长的时间内应达到的目标。相应地，短就是短期计划了。短期计划虽然也是每天的具体作息表，但需要注重"模糊概念"，也就是说，没必要规定几点几分起床、睡觉，几点几分吃饭、做作业。

比较科学的做法是规定在几点之前休息，几点至几点起床，作业必须在看电视之前完成，等等。总之，我们要为孩子制定一个有弹性的、符合孩子性格特点的时间表，这样孩子才更容易遵守，从而使他养成良好的作息习惯。

2. 父母要以身作则

孩子最容易受到父母的影响，包括作息习惯。父母健康的作息习惯是孩子最好的老师，同时父母的习惯也是孩子健康的作息习惯养成的最重要因素。因此，为了帮孩子建立良好的作息习惯，父母必须要以身作则，从自身做起，多关注自己在生活中的言行举止，给孩子树立一个良好的榜样。

例如，说好 6 点钟起床，就绝不拖延到 6：30；说好 9：30 上床睡觉，就不要因为有好看的电视节目而拖延时间。同时，家长在工作、生活、行为等方面都要尽量做遵守时间的榜样，办事不拖拉，说到便做到。

3. 和孩子相互监督

孩子最需要的是家长的表扬和鼓励，要想让孩子严格而愉快地执行作息时间表，家长们就不要忽略了当他做得不错的时候给予奖励。同时也让孩子监督家长的行为。不管是谁，如果没有做到遵守作息制度，就应该有一点小惩罚。如果孩子遵守了作息制度，就应该给予小奖励。这样，孩子就会更容易严格遵守作息时间表，从而成为一个有着良好作息习惯和学习习惯的好孩子。

4. 入睡前和醒来后有过渡时间

现在的孩子往往睡不够，早晨的时候总是醒不了。为此，家长应该让孩子早点睡觉。但是对于孩子而言，躺下不一定就能睡着，还有可能翻来覆去，内心焦躁，不利于睡眠，早上起来不清醒也成为常见的现象。为此，家长可以在孩子睡前和醒来后为孩子设定一些过渡时间。

松松上课总是无精打采的。他的爸爸、妈妈给他制定了时间表，他也严格按照时间表上的规定执行，但是真正做到很难。晚上躺下后他总是翻来覆去睡不着，到了早上睁开眼也总觉得没睡醒。在这样的情况下还要他吃早餐，预习功课，真是难倒他了。后来他的爸爸让他在睡前听点音乐，早上起来听听广播，情况终于有了改善。

晚上孩子难以入睡，那么就要在时间表上加上一些入睡准备，比如看看轻松的故事，听听轻音乐，等等。早上起床后家长可以让孩子听听简单明快的音乐，适当做些放松的运动，进行一些朗读训练等，这都有利于孩子从困倦的状态清醒过来。只要坚持，这就会成为孩子的一种习惯，成为孩子生物钟当中的一部分。

❋ 最后时限，让孩子认真投入的"法宝"

燕子的父母都是外企白领，做事很讲究效率。可他们怎么也没想到，两个勤快人却生了个懒散的孩子。他们的女儿燕子不管做什么事都爱寻找各种各样的借口，一个劲儿往后拖延，总是拖到最后实在没办法了才匆忙地赶，这样做的质量和效率可想而知。

对于燕子的情况，孩子的父母着急得不行。可女儿却总对他们这种"恨铁不成钢"的心情无动于衷，依然懒得够呛。

周五那天，由于学校有活动，所以放学早了些。燕子回家后，妈妈催孩子赶紧去写作业，写完后要带孩子去参加几位妈妈和孩子的聚会。燕子却说："老师只留了很少的作业，明天再写就行，我先看会儿电视吧！"妈妈心想，确实没什么大不了的，周六、周日还可以写作业嘛。就这样，燕子在外出聚会前的3个多小时里，都在电视机前和电脑前度过了，一点作业也没做。

周六上午，爸爸提醒燕子要做作业了，可碰巧燕子的同学玲玲打电话来约燕子去看电影。燕子没有禁得住诱惑，就和玲玲去看电影了。孩子们看完电影又在外面吃了午饭，回到家后都已经下午3点多了。妈妈催促燕子赶紧写作业，可燕子又说身体累了，休息会儿再写。

等燕子坐在课桌前写作业的时候，已经是星期日的下午了。一边写着作业，孩子还一边想着晚上6点钟开始播放的动画片。就这样，孩子的作业又像往常那样毛毛躁躁地完成了。

燕子父母的心情可能很多家长都能理解，因为自己的孩子也有着相似的一面，非常懒散，激励不行，批评也不成。其实，这是因为孩子们对时间没有一个正确的认知。他们总觉得时间还很多，所以做事懒散，不着急。家长应该适时地运用一些方法，让孩子感受到时间的紧迫，如此一来，他们就能认真投入一些，时间长了养成习惯，也就不用父母督促了。

那么怎样才能让孩子改掉拖沓的坏毛病呢？在这里可以告诉各位家长，不妨尝试一下"倒计时"。这样的方法还是比较可行的。家长给孩子一个时限，能够让孩子产生一种紧迫感，从而认真投入地做事，以提高效率，缩短时间，渐渐地就会改掉懒散的坏习惯。

1. 奖惩分明，才能坚持

之所以孩子做事懒散，有一部分原因在于父母。很多父母习惯于只说不做，只有口头的威胁而已，比如"你要完不成就不要看电视了"，或者"完不成看我怎么收拾你"这类的话，但很多时候家长都只是说说而已，并没有真的施行。渐渐地孩子自然不把你的威胁当一回事了。

在设定时限之后，家长要定出明确的惩罚，这样才能保证计划有效地实施。如果孩子完不成，那么家长就要给予一定的惩罚。如果孩子按时完成了，那么家长也要给予表扬。只有奖惩分明，孩子才会遵从你的安排。另外，如果孩子坚持得比较好，在一段时间之后，家长可以适当给予一些物质奖励，比如给孩子买他一直想要的玩具，或者带他去想去的地方游玩，等等。有了动力，孩子就会渐渐从家长的管制中脱离出来，逐渐走向自我制约。

2. 设定时限要让孩子参与意见

在制定"最后期限"的时候，父母一定不要想当然地以为自己安排就可以了，而应该综合考虑孩子对于任务的接受能力来定。为此，父母要多与孩子沟通，尽可能多地了解孩子的实际情况，和孩子商量着制定出这个最后期限。

小凯的妈妈听说设定"最后期限"能够改正孩子拖沓的坏毛病，于是也准备在儿子写作业的时候设定一个"最后期限"。但是没想到却适得其反，孩子不仅没有改掉懒散的毛病，反而对自己产生了很大的意见。原来，小凯的妈妈给小凯制定时限时不听小凯的意见，只说："你自己设定的话，肯定时间非常充裕，你还会分心。"小凯觉得妈妈是在无理取闹，自然不肯听她的话了。

如果父母不考虑孩子的实际情况，原本孩子最快也要半个小时完成的事，却只给他20分钟的时间，那么孩子不但无法集中注意力，反而会因为压力太大而分散注意力。家长没有参与到孩子的学习当中，不会比孩子更了解自己所需要的时间，所以不如听听孩子的意见，这样也有利于提高孩子的时间意识。

✿分清主次，懂得轻重缓急

　　萌萌是个活泼开朗的女孩，性格大大咧咧，做事情也有点毛毛躁躁的。这天放学回到家，萌萌冲进家门就喊："妈妈，快点把我的轮滑鞋拿出来，我要和欣欣去小区广场滑轮滑；把我的毽子也顺便拿出来，待会儿我们要踢毽子；我得赶紧去拿羽毛球拍，我们可能还要打羽毛球呢！"萌萌一口气说了这么多事，而且语速很快，妈妈还没听清楚，孩子就慌慌张张地跑到阳台上去找羽毛球拍去了。

　　这样的剧情经常上演，萌萌的妈妈对此都已经习惯了，为此感到头疼又无奈。女儿萌萌从小就是个活泼好动的孩子，不管在哪儿，总是一副忙忙碌碌的样子，做起事来也总是眉毛胡子一把抓。比如，在教室做值日的时候，她拿着扫把扫着地，看到黑板还没擦，便扔下扫把去擦黑板；她擦着黑板的时候，又发现门上的玻璃脏了，放下板擦又去擦玻璃。

　　萌萌在生活上也是如此。周末在家的时候，她看到妈妈收拾房间便会过来帮忙。地还没擦完，孩子见妈妈打扫厨房的橱柜，就又过去帮妈妈擦橱柜。到最后，她总是这也没做好，那也没做成。

　　爸爸、妈妈为此批评萌萌，她总是信誓旦旦地说下不为例，可到了下次还是犯同样的错。

　　老师对于萌萌的表现也早就注意到了，每次开家长会都会与萌萌的爸爸或者妈妈指出她的问题。据老师反映，萌萌在很多方面都挺好的，就是做事情主次不分，注意力也集中不起来。表面上看，孩子是做了很多事，可到头来一看哪一件都没做好。

对于女儿不专心的问题，爸爸、妈妈意识到了其严重性。如果任其这样发展下去，不但会让萌萌的学习和生活受到影响，而且对她今后的成长和发展也会产生不利影响。

为此，爸爸、妈妈特意查阅了很多资料，针对萌萌注意力不集中的问题找到了解决的方案。其中最重要的一点就是得让孩子在做事的时候分清主次。

从那之后，每当萌萌要做什么事的时候，爸爸、妈妈都会问孩子是不是还有其他的事情要做。如果有，那么就帮孩子分析一下什么是重要的，什么是次要的。分清主次之后，让孩子一件一件地来做。经过爸爸、妈妈的极力要求，萌萌不得不听从父母的安排。

坚持了一段时间之后，爸爸、妈妈发现，萌萌还真是改变了不少。最显著的变化就是女儿能从头到尾做完一件事了，而且注意力也比以前集中了。

看着女儿的进步，萌萌的爸爸、妈妈别提有多欣慰了。

我们做事的时候，常常会分个轻重缓急。这样才能用有限的时间和精力，把事情做好，将问题处理得圆满。这种主次分明的做法同样适用于孩子。如果眉毛胡子一把抓，孩子必然难以将精力集中起来专心于一件事情上，而结果也必然会混乱不堪，难以达到将事情顺利做完、做好的效果。

通过萌萌的事例我们不难看出，孩子表面上的"忙碌"未必就是一件好事，相反，这很可能是孩子注意力不集中的表现。正因如此，孩子才会做着这个还惦记着那个，总是三心二意，心猿意马，看上去很忙，可最后却一无所获。

对于孩子的这种情况，父母需要引起重视，帮助和引导孩子合理安排需要做的事，然后分清主次，尽可能地每次只做一件事，这样便可增强孩子的注意力，也可提高孩子做事的效率。否则长此以往下去，孩子很难取得成绩，当付出和回报不成正比的时候，孩子做事的积极性也会被打消。

所以，家长应该要引导孩子分清事情的轻重缓急，让孩子渐渐能够分清主次，养成做事有条理的好习惯。那么家长应该怎样做呢？

1. 带领孩子做计划

有时孩子做事手忙脚乱就是因为没有一个计划，孩子在成长过程当中家长一定做好引导，帮助孩子学会做计划，万事有了计划，实施就会变得简单许多。

笑笑是一个活泼好动的孩子，他的精力就像是用不完一般，但是他也有个毛病，就是很难静下心来干什么。他一会儿忙这个，一会儿忙那个。就拿写作业来说好了，他一回来就打开本子开始写，但是遇到不会的就要翻书，然后写着写着又想到别的地方，继续翻书……后来他的妈妈给他规定，回来先复习，然后才能写作业，这样一来，他的效率提高了不少。

小孩子很容易手忙脚乱，尤其在事情很多的时候。这个时候家长就需要出面了，帮助孩子制订计划。所谓有备无患，有了合理的计划，孩子做事才能分清主次来。比如第二天上学是什么课程，要引导孩子提前做准备，回家要先干什么、再干什么。当然，计划的制订应该是孩子为主，家长为辅，引导孩子自主完成，这样孩子就会养成自己制订计划的好习惯，也就能够提高效率，不会浪费时间了。

2. 教导孩子进行分类

在做事之前，有的孩子往往手忙脚乱，不知道应该要干什么好。如果学会分类，就不会有这样的问题了。统筹安排的重要性家长都知道，但是孩子不一定明白，所以家长要用简单明了的方法引导孩子学会统筹安排。最基本的方法就是归类。

如果孩子手头有好几件事情的话，家长可以引导孩子将这些事情划分先后。当然，先出现的事情不一定是最重要的事情，父母应该让孩子学会分清事情的重要性。比如哪件事情比较难做，可以放到后面；哪件事情比较着急，就要优先完成。家长带领孩子几次，给予几次指导后，孩子就能慢慢学会分类，并且养成分类的好习惯了。

3. 一次只能做一件事

小孩子难免会有些贪心，想要一下子完成所有的事情，但是人们的精力是非常有限的，无法做到面面俱到，如果太过贪心，那么只能一事无成。在这方面，家长要学会控制。

当孩子想要一心二用的时候，父母就应该要及时制止，让孩子全身心投入一件事情当中。比如孩子写语文作业的时候听英语听力，这样看似"高效"的方法家长一定要给予控制，不能让孩子同时做两件以上的事情。家长应该告诉孩子要一件一件按顺序进行，否则即使完成了，质量也不会很高，返工会花费更多的时间。

4. 让孩子学会收尾

在孩子忙碌的学习生活当中，检查是必不可少的。家长要教导孩子养成每天检查的好习惯，看看有没有漏掉什么事情，这样有助于培养孩子的耐心和谨慎。如果孩子查出了自己忘记的事情，那么在下次他就会更加注意。查漏补缺也是培养孩子时间意识当中不可或缺的重要部分，因为这样可以让孩子明白在珍惜时间的同时也要注重质量。这是孩子成长当中不可缺少的经验。

❀ 优先选择最有用的知识

墨墨是个挺聪明的女孩子，但是她在学习上总是很难取得好的成绩。其实，墨墨的知识挺渊博的，她平时看上去也很努力，但一到考试的时候成绩就不理想了。也不是因为她太紧张，就是因为不知道什么原因，才让墨墨和家里人都很着急。眼看着就要到升学考试了，成绩至关重要，到底是什么原因让墨墨的成绩不理想呢？

通过长时间观察，墨墨的爸爸总算发现问题了。对于墨墨来说，学习是一件很烦琐的事情，她总会事无巨细地进行学习。在写完作业之后复习也是一样，她从来都不会安排主次，有时很晚了她还没有复习完，到后来即便是坚持着也难免不在状态，而这个时候所复习的正是难点……

她的爸爸发现了女儿的这个毛病之后，开始着手帮她改善知识结构，引导女儿安排学习的次序。比如他让女儿将最难的数学放在开始复习，相对轻松一些的放到最后。这样女儿的学习效率高了很多，每次在结束前墨墨只要轻松地看一遍单词就可以了，即便没有复习完，也是一些无关痛痒的知识点。

有了合理的安排，墨墨的成绩得到了很大程度的提高，她的父母都感到非常欣慰。

没有人是多面手，现代社会竞争激烈，需要的不是各个方面都了解的人才，而是独精一门的人才，懂得再多，不够深入都没有用处。对于成长中的孩子们来说，他们处于一个认识阶段，不清楚什么是最重要的。对于他们而言，只是本能地想要做好一切。但家长们应该明白，一个人的精力有限，无法事无巨细全部做到完美，这个时候家长就要让孩子懂得优先掌握对自己有用的知识。

选择是一种习惯，家长们要引导孩子逐渐懂得哪种选择是对的。这样孩子就会逐渐学会掌握拥有的知识，自己优化知识结构，让自己站在比较有利的位置上。

1. 教孩子学会统筹安排

孩子们不懂得怎样安排对自己是最有利的，所以他们会觉得手忙脚乱，很难做到完美。这时家长就应该出面解决了。

小美刚上三年级就已经忙碌得不行了，看看周围的同学，有的还在上特长班，而小美没有学习什么特长，仅仅是家庭作业和复习就搞得她应接不暇了。小美每天都要复习、预习，还要完成家庭作业。这些她做得很辛苦，每天完成都已经很晚了，更别说看看电视、玩玩游戏了。发现了女儿的忙碌之后，小美的妈妈给女儿制订了一个学习计划，从那之后，小美变得游刃有余了。

学习计划很重要，对于孩子擅长的科目来说，复习可以用较少的时间，要把大部分时间放在重点、难点上。当然，一开始孩子可能不会筛选，家长就要帮忙，不仅仅是告诉孩子什么是重点，更要让孩子理解怎样的知识才是比较重要的。这样孩子就会养成一种筛选的习惯，在学习前就会进行安排，将重点放在重要的知识上。

2. 学会放弃

孩子本能地会有一种追求完美的想法，他可能什么都想做到完美。家长要让孩子学会筛选，学会放弃，这是很重要的。在学习当中，有些课外知识是辅助理解的，这些知识可能不需要现阶段的深究，孩子在这个阶段将大把的时间花费在这些知识上，无疑耽误了基础知识。所以家长要让孩子学会放弃一些无关紧要的内容。

当然，在方式上家长要注意，如果孩子非常感兴趣，家长可以以课外的形式让孩子了解，而不能将大把的时间用在复习和作业上。要让孩子明白他当前所面临的是什么，对于现阶段来说什么是最重要的。

第五章 自我观：
要有自知之明，做自己命运的主宰者

Chapter 05

自我观又叫自我意识，

在很大程度上讲就是"我自己"，

这是一种认识自我、了解自我和发展自我的重要方法。

正是由于自我观，

孩子才能对自己的思想和行为进行自我控制和调节，

使自己形成完整的个性。

培养孩子的自我观吧，

让孩子做自己命运的主宰者。

Part1　告诉孩子"你是最棒的"

　　一个人是天才还是庸才，完全取决于他所接受的教育方式。告诉孩子"你是最棒的"，充分肯定孩子的能力，不断培养孩子的自尊心和自信心，这样就使其不仅有勇于进取的信心，也能拥有不断进取的动力。

✤别让自卑"锁住"孩子的心

　　阔阔从小生长在农村，但他的学习成绩一向优异，小学毕业的时候，以全镇"状元"的身份考入了市重点初中。

　　可进入中学后，阔阔有点傻眼了。他发现自己说的普通话带着很浓重的农村腔，听起来总觉得很别扭；并且同学们都是来自全市各个学校的尖子生，和他们一比，自己简直一无是处。论家庭条件，自己不及同学好；论交往能力，自己不如同学强；文体方面，自己更是没有任何特长。一想到这些，阔阔自卑极了。

　　不仅如此，最让阔阔感到自卑的是学习方面。以前小学的 6 年中，自己每次都是第一名，深得老师们的喜爱，也饱受同学们的羡慕和尊敬。可是现

175

在，他连前10名都未必能进去。

在这种自卑感影响下，阔阔每天无精打采的，他觉得自己就像一只小蜗牛，扛着自卑的壳，一天到晚活在自己的壳中。

从心理学上讲，自卑是一种性格上的缺陷，是消极的心理状态，也是实现个人理想和愿望的巨大心理障碍。有人把自卑比喻成一把锁，锁住了孩子的开朗和勇敢，锁住了孩子的手脚与心灵，让孩子无法向美好的前途奔去。

毋庸置疑，当我们的孩子感到自卑的时候，这种消极情绪会像野火般迅速蔓延，吞噬了他们信心坚守的阵地，让他失去了前进的动力。当消极处事成为一种习惯之后，孩子就会表现得极度自卑。

让孩子自卑的原因主要有三个：第一个是孩子的自我意识没有成熟，在自我意识发展的过程当中，孩子很难对自己进行客观的评价，有时难免自我评价过高，当自己达不到预期的时候，就会产生自卑感。第二个原因就是孩子对自己进行了消极的心理暗示，每当遇到问题的时候，孩子如果给自己恐惧、无助的信号，就会有"做不到"这样的想法，进而被消极情绪控制难以发挥正常实力，导致失败，这样的恶性循环会让孩子习惯性地产生自卑感。第三个原因就是因为心理比较脆弱，或是生理上的缺陷，使得孩子产生自卑感。

了解了原因，解决就变得简单了，家长可以从以下几方面入手。

1. 帮助孩子正确地认识自己

孩子的自我意识正在发展当中，对自己认识不清也是正常的。作为父母，有必要引导孩子逐步认识自己的品质、性格、才智等，让孩子看到自己不足的同时，也要看到自己的优势。遇到不足，要努力弥补，也要学会接受；而优点则可以发扬光大。

家长可以多给孩子讲一些寓言故事。比如"每个人都是上帝咬过一口的苹果"，帮助孩子接纳自己的不足，能够改正、弥补的就改正、弥补，不能人为改变的，比如生理缺陷，就接受，不能因为一点不足就否定自己。家长要多鼓励孩子，让孩子产生自信，不要因为一点点缺陷就对自己失去信心。

2. 让孩子做自己就好

望子成龙是每个父母都有的心态，有的父母意在激励自己的孩子，因此总是拿自己的孩子和更加优秀的孩子做比较。虽然父母的出发点是好的，但是在孩子的认知里，这是父母对自己的不满，很容易让孩子产生自卑心理或是逆反心理。

娅娅原来是一个开朗活泼的女孩子，但是现在总是很沉默，学习成绩也下降了。本来的她很快乐，但是娅娅的妈妈总希望自己的女儿能够安静一点，所以总是拿温顺的小雅和她做比较，经常说："你看看人家小雅，漂亮又文静，哪像你，每天只会跑来跑去，我看你没发展了！"娅娅听后总是很伤心，甚至辩驳，逐渐地母女俩之间的关系越来越远了。

孩子有很强的自尊心，这也是孩子的底线，如果家长践踏了孩子的自尊，那么孩子就会受到很大的伤害。每个孩子都希望得到家长的认可和赞美，但是家长一味地拿孩子和别人做比较的话，就会让自己的孩子有一种被否定的感觉。

家长要学会找到孩子的闪光点，给予鼓励和表扬，让孩子知道做自己就好。

3. 不要给孩子定太高的标准

很多家长以为给孩子一个高标准有利于孩子的进步，但是成长当中的孩子很容易在失败面前产生严重的挫败感，所以家长不宜将标准定得过高。

茵茵是一个开朗的女孩，学习成绩也很好，非常受同学欢迎。很难想象，这样的一个女孩曾经非常内向，就像班里的影子一样不引人注意。是什么改变了她呢？这归功于她的妈妈。茵茵的妈妈发现了孩子的问题之后，和茵茵进行了谈话，给茵茵定了比较低的标准。每当茵茵达到标准之后，妈妈就会将标准提高，但总能让茵茵达到，就这样，茵茵渐渐地进步了。

孩子进步需要动力，如果最初定的标准过高，孩子有可能因为达不到预期而产生极大的挫败感。就像马拉松一样，短期的目标更容易实现，不要操之过急，一步步来，孩子还在成长，潜力无限。家长不要一下子要求孩子考进前 10 名，要让孩子一个个地超越，更容易实现。而且在这个过程当中孩子逐渐会增加自信，当超越成为一种习惯的时候，孩子会自主向前，不畏挑战。

4. 给孩子一些积极的暗示

有些教育并非刻意为之，而是需要家长巧妙利用一些时机，见缝插针地对孩子进行引导。所以，父母可以利用生活中的一些小事来对孩子"旁敲侧击"，暗示孩子能做好，或者能达到某种高度。比如当在电视里看到一个非常优秀的人物，父母不妨对在身边的孩子表示出自己对这个人物的肯定；或者当和孩子在外面的时候，父母通过和他人聊天表示出对孩子的肯定态度。

娇娇语文学得不好，眼看就要进行小学毕业的考试，急得她像热锅上的蚂蚁。妈妈看到孩子的紧张情绪后，开玩笑似的对娇娇说："娇娇，妈妈昨晚做了一个梦，梦到你在考场上答得很顺利，就像在做你的强项科目一样，我一点都不担心你呢！"娇娇因为妈妈的一番话舒服了许多，考前的紧张心理也缓解了。

孩子还不能很好地进行自我调节，父母要起到这种作用，适时地给孩子一些积极的心理暗示，有利于孩子的进步。

❀ 用欣赏的眼光看孩子

小雨是一个非常沉默的男孩子，在班里总有那么一点不合群。在他升入四年级的时候，他的新班主任老师注意到了这点。平常上课小雨总是心不在焉，时常走神，看着外面；等到下课别的孩子跑到外面玩，或者打打闹闹，他也从不参与，有时无精打采地趴在桌子上，有时就眺望窗外。

一开始，他的班主任以为小雨只是换了新环境不适应，但是她渐渐发现好像是孩子的性格当中有一些问题。为此，她准备了一次家访。

来到小雨的家，班主任老师吃惊地发现，他家经济条件非常好，房子很大，装潢也不一般。按常理来说，这样家庭出来的孩子很多都会带着一丝优越感，为什么小雨却这么忧郁呢？不过小雨的老师很快也发现了，小雨家虽然很大，但是非常冷清。本来她都和他的父母约好了家访的，但是等了很久他的父母都没有回来。最终小雨的老师不得不先离开。

第二天小雨的妈妈抽时间去了趟学校，为了前一天爽约的事道歉。在了解了儿子在校的情况之后，他妈妈显得并不是特别关心。这让小雨的老师感到费解。她问小雨妈妈以前小雨的情况怎么样，他妈妈回答说："以前小雨学习还是挺好的，不知道怎么的渐渐对学习就不上心了，成绩一直不好。"

小雨的老师又问小雨平时的情况怎么样，小雨的妈妈说："我和他爸平时很忙，不太清楚他什么样子，也不想给他太多压力，顺其自然吧。他要实在不是学习这块料子，反正我们是自家公司，好歹也能给他安排个位置。"

听完小雨妈妈的话之后，班主任老师沉默了。不过她也找出了问题的症结，和小雨妈妈进行了一次深入的谈话，她对小雨妈妈说："其实小雨是一个很有灵性的孩子，接受能力也很快，但是他内心也很敏感，这个年龄的孩子大多都是这样，他们需要的是家长的认可和关心，我希望您能重新考虑一下孩子的教育问题。"

听完老师的话之后，小雨妈妈明白自己错在哪儿了。

自卑不是孩子的天性，自信也是如此，但是这两种性格会潜伏在孩子的内心当中，当一种占了上风，另一种就无处落脚了。孩子的自信是可以培养的，如果家长不去管孩子如何进步，那么自卑有可能会逐渐控制孩子，成为他性格当中的一部分。相信没有家长愿意看到自己的孩子畏畏缩缩。那孩子为什么容易自卑呢？

让孩子自卑的原因可能有很多，有的是不可抗因素，但从父母方面来说，对孩子的关注是非常重要的一个因素。如果父母对孩子不够关心，那么孩子可能会误解家长对他们失望，这样渐渐就会被自卑控制，或者家长总表现出对孩子的不满，孩子就会认为自己不优秀，什么都做不好，当这种想法成为一种惯性思维之后，自卑就算是在孩子的性格当中扎根了。

那么家长应该怎样做，才能让孩子重拾自信呢？

1. 让孩子知道你以他为荣

孩子的情感是很细腻的，有时还会表现出不自信，家长的态度就有可能影响到他。孩子需要家长的认可，需要家长欣赏的目光，这对于家长而言应该并不难。每个父母都以自己的孩子为最大的骄傲，你只要让他知道这一点就可以了。

淘淘和他的名字一样，很淘气，也因为这样，他总是闯祸。他也不知道自己哪里来的破坏欲，看到一些器械就想拆。他刚有这个毛病的时候，奶奶说他败家，妈妈也说他。淘淘不得不控制自己，但他还是想要拆开那些器械，看看里面到底有什么。想不到的是，淘淘的爸爸为淘淘买来一些小器械故意让他拆，并且告诉淘淘自己知道他一定是在研究什么。就这样，淘淘有了自信。

其实父母的肯定有时只是一句话。对于孩子而言，父母是他们最亲近的人，因此，他们也最希望得到父母的支持和认可。在孩子不自信的时候，家长不妨这样告诉他："孩子，不管你做什么，爸爸、妈妈都支持你，因为我们一直觉得你很棒，你是我们最大的骄傲。"这样孩子才能抬头挺胸地迎接挑战。

2. 从不同的角度欣赏孩子

每个孩子都有不同于常人的地方，关键在于你是否能够挖掘出他的闪光点。每个人都有自己的爱好和特长，孩子们也不例外，他们想要发挥自己的优势，同时也希望得到父母的赞美和表扬。不要以大众的眼光去看待自己的孩子，每个孩子都有个性，也有不同的路，家长要尊重孩子的发展和选择，相信并支持他。

爱因斯坦在小的时候甚至被人认为是一个"低能儿"，因为他到 3 岁还不会说话。但是这并不是他父母放弃他的理由。他的父母坚信自己的孩子与众不同。当别的孩子在玩耍的时候，爱因斯坦总是望着湖面发呆，他的妈妈没有担心自己的孩子有问题，而是相信他在沉思。在父母的欣赏目光中，他最终成为了一个了不起的人。

孩子的未来潜力无限，没有人能够预知。只有你最了解你的孩子，无须用他人的眼光来打量自己的孩子。每个孩子都需要父母的理解，你只有懂得欣赏他，才能真正地站在孩子这一边，才能更加透彻地理解他，帮助他、当孩子有一些不同于别人的行为的时候，你不要着急，先观察一下，这是否是孩子与众不同的地方，不要担心孩子误入歧途。只要家长欣赏他，他在自信的同时也会相信你，这样你就无须担心，引导他走入正途就可以了。

引导孩子消除胆怯心理

玲玲是个很害羞的小姑娘，已经上小学了，却依旧怯怯懦懦的，从来没有勇气说出自己的想法。上课时，其他小朋友都是踊跃回答问题，唯有她总是一言不发。老师叫她起来回答问题的时候，她也总是慢吞吞地站起来，满脸通红，说话的声音小得像蚊子低噙。当老师让她再回答一遍的时候，她却哭了。

她在学校里这样，在家里也是如此。这年春节，玲玲的家里来了好多客人，她的小脸涨得红红的，一个劲儿地往妈妈身后躲，要不就是低着头玩手指头不说话；到亲朋好友家拜年，如果让她唱歌、跳舞和讲故事，她总是低下头，紧张得半天开不了口。

即使在院子里和小朋友们一起玩，玲玲也是最不起眼的那个，别人安排她做什么，她就做什么。玲玲的爸妈工作都很忙，平时与孩子在一起的时间较少，面对她表现出来的种种害羞行为，他们非常着急，却又根本不知道该怎么办。他们无数次地说道："玲玲长大该怎么办啊？这么胆小的孩子，根本什么也做不了！"

玲玲爸爸、妈妈的担心不无道理。一个毫无勇气的孩子，是无法顺利迎接人生的挑战的。在他们的路上，会有太多恐惧的事情：也许是一次集体活动，也许是需要单独面对的演讲台……这些看似平常的活动，在他们的眼中却成了根本无法翻越的天堑。

可是，父母们干着急又有什么用？想要让孩子鼓起勇气，首先我们就应该明白孩子为什么会胆怯。其实，有时孩子的胆怯源于害羞。对于孩子而言，害羞是很正常的心理，但是害羞过度就成了胆怯。实际上，胆怯是可以改正的习惯，只要父母采取的方法得当，孩子就能告别胆怯。

1. 不要轻易否定孩子，接受孩子的害羞

每个人都有害羞的一面，尤其是在陌生的环境或陌生人面前。这并不是一种病，家长不能轻易因为孩子的害羞就否定孩子，而应该想办法。

悠悠的妈妈对自己的女儿非常担心，因为悠悠总是显得很怯懦，在大人面前总是低着头，看到陌生人就躲到妈妈身后。有时在认识的人面前看着自己的孩子这样胆怯，妈妈难免会生气，每到这时就会说："这孩子以后也就这样了，说了多少次都这样，什么用都没有，我对她是没什么指望了，看着就烦。"每当妈妈这样说时，眼泪就在悠悠的眼眶里打转。

孩子正处于很敏感的人生阶段当中，如果家长表现出对孩子的失望，那么孩子会深受打击。对于一个胆怯的孩子来说，父母的批评让他们感觉非常委屈。因为从孩子本身来讲，他们也不喜欢自己的怯懦，他们也希望能够和小朋友们在一起玩，也希望自己能够勇敢地表达自己的想法，但是他们往往不知道怎么做。

父母应该要帮助孩子，用正确的眼光来衡量他们。有时害羞只是孩子的性格，并不代表孩子胆怯。如果这并没有影响到孩子的内心健康，他们没有

因此而产生自卑心理的话，那么家长就不应该强制孩子改变性格。

如果孩子过于胆怯，无论在什么场合都这样，那么家长要帮助孩子提起勇气来，而不是大声地批评或是讽刺。面对孩子的胆怯，家长要耐心引导孩子说出原因，然后再告诉他解决问题的方法，对症下药才能让孩子自信起来，慢慢地就会戒除胆怯的心理。

2. 鼓励孩子参加课外活动

孩子胆怯有时是因为缺乏对外界的认识，或者缺乏人与人之间的沟通。这个时候家长要给孩子创造与人沟通的机会，课外活动就是其中之一。

在课外活动当中，孩子能够拓展眼界，有可能找到自己的兴趣爱好，从而和别人产生共鸣，当人与人之间存在共同话题之后，那么交流就变得简单多了，也轻松多了。不要总是担心自己的孩子在集体当中会受委屈，如果家长保护过度，孩子就永远不会变得勇敢，也不会想要走出去，认识更多的人。

平时家长可以多带孩子到一些儿童娱乐场所，出入人多的场合对孩子是一种锻炼。学校组织活动尽可能让孩子参加，比如夏令营。如果在节假日，家长可以多带着孩子到处走走，也能让孩子慢慢消除胆怯心理。

但是切记，这是一个漫长的过程，家长不要激进，认为一两次就会有效果。实际上，不胆怯是一种习惯的养成，需要时间的培育。

3. 不做强势的家长

有的时候孩子容易胆怯，和家长分不开。如果家长平时过于强势，那么孩子就有可能习惯性地屈从，这对孩子的成长非常不利。

家长平时要多注意自己的言行，不要给孩子过多的压力，不要给孩子一些负面的评价，比如"胆小鬼"、"一事无成"等，这样会让孩子更加胆怯。家长应该适当地信任孩子，给予孩子一些鼓励，比如在他完成某件事的时候夸赞他、表扬他。

　　在日常生活当中，家长偶尔也可以示弱，让孩子知道每个人都有软弱的一面，家长也需要他的帮助。有了这样的认知，孩子一定会勇敢起来。慢慢地孩子就会走出胆怯的阴影，习惯性地以保护家人的姿态出现。当孩子有了这样表现的时候，自然就是自信的孩子了。比如家长遇到问题征求孩子意见，让孩子帮自己做点事等，都是非常有效的方法。

Part2 自省的人生才有价值

　　培养孩子良好的价值观，如何开始呢？其中一个办法就是自省。我们每个人的智力、精力、能力都是有限的，让孩子做一个有着自省精神的人，这样他才知道自身的价值，建立一个积极的自我意识。也就是说，当孩子具备了自省精神，培养和训练了反思的理性，父母的教育就是成功的。

✤ 检讨自己，才能更好地认识自己

　　李浩已经上初中一年级了，每天他还需要姥姥提醒他做作业、带好东西等。

　　有一次，姥姥因为老家有点事回去了几天。李浩不是忘记带文具，就是忘记做作业，甚至有一次早上还睡过了头，赶去学校的时候已经快上完第一节课了。老师接连发现李浩多次出问题后，再也忍不住了，对他进行了严厉的批评。

　　回到家后，李浩十分生气，朝妈妈怒吼道："为什么你们不在晚上给我收拾好书包？为什么早上不提醒我起床？要是姥姥在，我的东西不会落下，上学也不会迟到。姥姥总是亲自叫我起床，直到把我叫醒，姥姥在的时候我从来没迟到过！你们真是不负责任的家长！"

　　妈妈看着生气的儿子，听完他发完牢骚后，认真地对他说："你总是让别人提醒你你自己的事。但是，别人是不可能一辈子提醒你的。姥姥也有自己的事情做，不可能永远都陪着你。做错事情不可乱抱怨或胡乱指责别人，为什么你不考虑下自己的责任呢，难道你没有错吗？每个不拉东西、上课不会迟到的同学也是有姥姥提醒吗？好了，你还是自己好好想想吧，以后再做错事后，自己要先反省自己的错误。"

　　听了妈妈一番话，李浩脸上开始挂不住了，他意识到了自己的问题。从此以后，他学会了自己提醒自己，也学会了"自我反省"这个词，并且懂得做错了事就要自我反省，争取做错过一次的事情绝不再错第二次。

　　曾子有言："吾日三省吾身。"其意思便是人要不断地检讨、反省自己，在此过程中总结自己做得好的地方和不好的地方，认识到自己的优势和缺陷。这样，才能让我们更清醒地认识自己，提升自己。

　　检讨自己对孩子同样适用。通过检讨，孩子可以发现自己哪里做得可圈可点，哪里做得不尽如人意，进而知道自己有什么长处，有哪些短处，在以后的生活、学习、交友等方面该怎样说、怎样做。

　　上面例子中的李浩在姥姥无微不至的照顾下，没有学会独自处理学习和生活中的事情。在姥姥离开后，他便手足无措。幸好妈妈给予了及时教育，引导李浩要懂得自我反省，学会发现自己的错误。

　　其实，对于孩子来说，自我反省的精神是非常可贵的。在陪伴孩子成长的过程中，父母不要把孩子的失误归于自己身上，而是应该教育孩子全面地认识自己，勇于去承担自己犯错的后果，培养他的自我反省能力。只有这样，孩子才会在以后的生活和学习中少犯甚至不犯同样的错误。

可以想象一下，如果李浩的妈妈接受儿子的抱怨，然后承认自己确实是不负责任的家长，没有尽到提醒儿子的义务，那么李浩永远都不会意识到要自我反省，也不能客观地认识自己。

可以说，只有具备自我反省的态度，才会让人及时发现自己的缺点，进行改正和完善，从而让做事或做人日臻成熟和完美。如果一个人不断地反省自己，总结自己的过失，寻找更好的方法去弥补自己的不足，成功也就是指日可待的事情。

对于正处于性格形成期的孩子来说，如果父母早早培养他自我反省、自我修正的能力，则有助于他的成长，能够加快他向成功靠近的步伐。

1. 在孩子的谎言面前保持沉默，让他主动检讨自己

为了免除责罚，孩子会故意向父母撒谎。其实，父母对他们自以为"完美无缺"的谎言是心知肚明的。可是，如果父母揭穿孩子的谎言，那么就会让孩子陷入尴尬的境地，进而让他为了维护自己的形象而不断地进行狡辩，强词夺理。

齐健这个孩子挺可爱的，只是有些时候喜欢撒谎。面对这样的儿子，他的妈妈并没有劈头盖脸地对他一顿教训。因为她试过这样的方法，即便戳穿了孩子的谎言，孩子还是不肯认错，这让她非常恼火。后来齐健的妈妈学会了沉默，每当儿子撒谎的时候，她就不说话，只是盯着孩子，无论齐健说什么、怎么解释她都不作声。到最后，齐健的声音越来越小，一定会自己主动承认错误。

其实，面对孩子无伤大雅的撒谎，父母保持沉默是不错的方法。这样做，并不是放任孩子的撒谎行为，而是给孩子一点思考的时间和空间。要知道，孩子做错了事，他内心里也会有一些不安。如果父母保持沉默，那么既维护了孩子的自尊，又能让孩子反省自己的行为。这样做比横加斥责要好很多。

2. 让孩子品尝一意孤行的后果

许多孩子往往比较冲动，他想做一件事情的时候根本就不考虑后果，而且由于思想比较单纯，阅历不够丰富，因此能够预见到的后果往往与成人能够预见的不一样。这个时候，在条件许可的情况下，父母可不要一味禁止孩子或者责备孩子，可以适当地让孩子去做自己想做的事。当不良的结果出现时，孩子就会意识到自己当初的行为是错误的。父母则可以借此机会来引导孩子反省自己的行为，养成做事先思考、事后进行总结的习惯。

3. 引导孩子学会总结失败的教训

我们每个人都有犯错和失误的时候，何况是尚在成长过程中的孩子。犯错和失误并不可怕，可怕的是不去寻找背后的原因，而只指知道怨天尤人。所以，作为父母，当孩子犯错或者失误之后，一定要耐心地引导孩子找到背后的真正原因，从而帮助孩子汲取教训，不断修复和完善自己，让自己做到更好。

✦ 自省，让你的孩子快人一步

诚诚和浩浩是从小一起长大的孩子。他们一起上幼儿园，又一起升入小学，一直形影不离，关系密切，一样地活泼可爱，一样地性格要强，但他们做事的方式却并不相同。

三年级的时候，诚诚和浩浩被分到了同一个班里。两个好强的孩子都想当"官"，但老师却给了他们俩每人一个无足轻重的"职位"：诚诚是体育委员，浩浩是劳动委员。在这样的情况下，浩浩什么都没说，每天认真地做好本职工作，而且还喜欢帮助同学，比如帮值日的同学擦黑板，帮同学修理坏的椅子，有时看到地上不够干净连忙过去打扫……因此，他深得老师和同学们的好评，不久后就当上了班长。

而诚诚则不同，他先是抱怨体育委员很辛苦又不讨好，后来连自己的本职工作都懒得去做了。结果在换届选举时，他的位置自然被别人挤走。

回到家的诚诚，显得有些闷闷不乐。但他把这些告诉爸爸后，爸爸却这样劝他："没事！一个小职位不做也罢！"

爸爸的话，让诚诚也点了点头，他在心里对自己说："爸爸说得对！反正我也没做错！"

自省，这是成年人几乎都有的"本领"。犯了错误自我反省，从中找到缺点和不足，这是一个人进步的先决条件。

其实，不仅是成年人，孩子同样需要自省的能力。但实际上孩子的自我反省能力都不算强，有时他可能会意识不到自己的错误，当他做错事，家长问他："是不是你做的?"他可能会摇着头无辜地告诉父母："不是这样的!"其实这并不意味着他在说谎，而是他根本就没有认识到自己的失误。

意识不到自己的错误，自然就不会做出改变，自然就不会产生进步。但是，身为父母的你，能够认清这一点吗?

诚诚的这个样子，正是如今许多家庭的教育折射。看见孩子学习不佳、听到他抱怨老师偏心、抱怨命运的不公平，有的父母就会随声附和，这非常不利于孩子的成长。在父母的眼里，也许孩子是完美的;但客观地说，每个人都会有缺点，都会无可避免地犯错误，此时，假如一味抱怨他人或环境，那么他就永远无法认真做事，更不可能取得成功。父母的"煽风点火"则更会让孩子的这种情绪高涨，久而久之，自负的心态就会在孩子身上"安营扎寨"。

自负，意味着到处碰壁;自负，意味着没有朋友;自负，意味着脾气焦躁……这样的孩子，一定不是你想要的。所以，一心想要孩子成才的你，就必须及时对处在性格形成期的孩子进行指导，让他做一个能够自我反省和自我修正的孩子。只有能够自省，才能改正那些缺点，这比律人要重要多了。

当然，空洞地说教并没有什么明显效果，我们必须以引导为主，从以下几方面入手。

1. 引导孩子总结失败的教训

绝大多数的孩子在做事的时候都比较冲动，很少考虑后果，这是由他们的认知能力决定的。所以，他们的事情往往会以失败告终。面对这样的情况，父母应该少点无实际用处的训斥，而是应当帮助他总结教训，这样才能做到对自我行为反省。

彤彤爸爸带他去商店玩，彤彤看到了一把很漂亮的玩具手枪，非缠着爸爸买下来。不过，爸爸并没有同意他的请求。爸爸说："我可以答应给你买，但你也要答应我一个条件，买了这把手枪后，两个月之内不许买其他玩具了。"彤彤答应了。但回家后彤彤就后悔了，这时爸爸对他说："不要为已经错了的选择后悔，现在你需要做的是汲取这次失败的教训，知道下次应该如何去做就可以了。"彤彤点了点头，以后再也不任性了。

在引导孩子总结失败教训的时候，父母不要将自己的价值观强加在孩子头上，不要说："你看，我说什么来着，你不听，现在后悔了吧？"这种论调起不到引导作用，只能加强孩子的逆反心理。彤彤的爸爸正是懂得这个道理，从而起到了良好的效果。

所以，在引导孩子进行自省时，你可以这么对孩子说："你想一想，是不是用我告诉你的方法结果会好些呢？""有时候，多听取他人的意见，会避免一些问题，你说对吗？"这样可以让孩子更愿意接受。同时，父母还要让他懂得从失败中汲取教训，反省自我，下一次不再犯同样的错误。

2. 引导孩子预见事物的后果

由于孩子的经历比较简单，因此做事之前就不能像大人一样考虑得非常周全，从而导致了失误的出现。针对此，父母可以适当引导孩子，如果他执意要按自己的想法去做，不妨在跟他讲明道理的前提下让他尝试一下。一旦他发现自己的预见并不准确，就会联想到父母之前对自己说的话，从而反省自己的行为，由此做出改正，并慢慢掌握预见的能力。

3. 给予孩子自我反省的时间

在孩子犯了错误之后，父母不要急于对他进行教育，要给他一定的时间，让他自己来认识到行为的错误。一段时间后，父母再抓住一个适当的时机对他进行引导，这样更能让他学会自我反省，并保证以后不会犯下同样的失误。

最后一点要说明的是：在教育孩子的过程中我们要尽可能平心静气，因为我们不是要羞辱孩子。只有用平和的态度与孩子交流，他才能理解你的苦心，才能反思自己的行为，否则他会感到"被侮辱"，反而更加与父母"对着干"，更加拒绝"自省"！

时常检讨自己，才能养成自省的好习惯，才会更好地认识自己。

错就是错，不为过失找借口

很多年前，有一位11岁的美国男孩，他不仅调皮淘气，而且总是为自己所犯下的错误找借口。父母认为这是他不负责任的表现，于是他们开始教育儿子，试图让他知道，作为一个男子汉，要对自己所做的事负怎样的责任，承担相应的后果是很有必要的。

后来有一天，这个男孩一不小心将足球踢到了邻居家的玻璃上，玻璃瞬间被踢碎。邻居很不高兴，要求他赔偿15美元。

然而，一个男孩怎么可能有这么多钱？不得已，他只好向父亲求助。可父亲要让他对自己的过失负责，并且对他说："你自己犯下了错误，也许父母可以帮你，但我们决不能也无法代替你承担责任。所以，你要自己想办法面对和解决你所犯的错误带来的后果，承担本该由你承担的责任。"

男孩为难地说："可我没有钱赔给人家。"

父亲说："我先借给你，不过，一年之内你要还给我。"

从这以后，这个男孩每逢周末、假日便外出辛勤打工。经过半年的努力，他终于挣足了15美元还给了父亲。这件事给这个男孩带来了很大的触动，他开始逐渐改变身上的毛病，知道了要对自己所做的事负责，那份责任感是不能够转移给别人的。

这个男孩，就是后来成为美国总统的里根。他在回忆这件事时说："通过自己的劳动来承担过失，使我懂得了什么叫作责任。这件事还给了我一件意想不到的宝贵礼物，那就是自信。从那开始，我就知道了无论遇到什么事，我都能解决好。"

"人非圣贤，孰能无过"是人人都知道的道理，那么在过错面前，孩子们会怎么做呢？有的总喜欢推卸属于自己的责任，即便他知道是自己的错也要推脱，不肯负责任。如果是这样，我们就可以看到这样一种现象：孩子在面对问题或者困境的时候，自己不能做到独自承担责任。

不能承担责任的孩子，自然会给大人带来一大堆麻烦事。但父母不知道，其实这一切正是由于自己的教育造成的。一位国外有名的教育家说过这样一句话："必须教育孩子懂得他们不同的一举一动能产生不同的后果，那么随着时间的推移，孩子们一定会学得很有责任感的。"

所以说，在孩子成长的过程中，家长必须懂得"让孩子遇到问题自己解决、承担自己本该承担的责任"的道理，这对他的现在和未来都有着深远的影响。

1. 要把孩子看作普通人

有的父母认为，由自己替孩子来收拾残局，是因为孩子还没有独立承担责任的能力。于是他们会亲自找到与自己孩子发生冲突的孩子，替自己的孩子赔礼道歉，或找到对方父母，希望通过成年人之间的理智来解决问题。要知道，孩子再小也会长大，家长应该要培养孩子的各种能力和习惯，如果你总以为孩子长不大，那么他就永远无法成长。

将孩子看作一个普通人吧，试着让他自己解决属于自己的问题。这样孩子才能看清自己，才能分析对错，才能为自己的行为负责任。

当孩子遇到问题和冲突时，最好的办法莫过于把解决矛盾的责任和权利留给孩子，让他自己想办法解决。虽然孩子是小、是弱，能力也的确有限，但他们必须有勇气做各种尝试，学习各种方法，使自己适应，并能融入社会群体中。

也许在这个过程中孩子们会遭遇打击，但这是每个孩子都必须经历的过程。因为总有一天，他们会走入真正的社会，那时候的各种问题和冲突比现在要复杂得多，父母不可能永远跟着孩子。所以，为了孩子的将来着想，父母就应该及早放手，勇敢地让他学会自己解决问题。

2. 家长也要有担当

想要让孩子敢于独立承担责任，那么父母就必须以身作则。父母是孩子的榜样，自己尚且做不到敢于承担，那么就没有资格来要求孩子！

父母必须意识到自己要对家庭和社会负责，只有这样，孩子才能敬佩自己。总之，你要提高对责任的认识，而不是总想着找借口。

不要以为这么做会伤了面子，其实在孩子的心里，你的这种作为更值得敬佩；不要以为这么做会让前途黑暗，其实，孩子就是家长的未来，不要顾虑面子问题，自己带头自省，孩子也会懂得观察自己，慢慢也会养成自省的好习惯。

Part3　不断"充电"，做更好的自己

　　价值观是一种深层次的思维逻辑，所以教育应该是给孩子全面发展的机会。家长应该引导孩子全面性地发展，促使孩子不断积累自身的知识、能力等，不断地发展自我，提高自我，做更好的自己，从而形成良好的价值观，乃至实现更进一步的升华。

✤勤学好问是培养出来的

　　有位父亲经常带着儿子去小河边，去小树林，去田野里，目的就是让儿子通过对大自然的接触，让他发现各种各样的问题。

　　他的儿子小威在小河边玩耍的时候，会观察小鱼、小虾在水里游泳的样子。他经常会向父亲询问它们有没有腿，它们为什么只在水里而不到陆地上来等问题。小威在树林里玩耍的时候，会观察树木的根、枝干、叶子、花草等，也总是提出这样那样的问题，而且还亲自实践，养花种草，还饲养小动物。通过亲自照顾这些植物和动物，他会记录下它们的成长情况，并从中得到快乐和满足。

据这位父亲回忆，小威小的时候总是怕毛毛虫。可是，他并没有因为儿子的这种情绪而让孩子永远远离毛毛虫，而是专门捉了一只毛毛虫让他观察。开始的时候小威非常反感，但在父亲给他仔细讲述了毛毛虫的生活规律，特别是知道了毛毛虫是怎样变成蝴蝶的过程后，小威就不再讨厌它了，而且对蝴蝶产生了浓厚的兴趣。因为小威早就很喜欢美丽的花蝴蝶了。

借着这一时机，父亲给小威讲述了蝴蝶的种类，并在书上找到很多图片来向儿子说明，这个世界上蝴蝶的种类千千万万，它们的形状和生活习性也都各有不同。

小威听了，越发地增强了对蝴蝶的兴趣，总是不断地提出这样那样的问题。对于他提出的问题，父亲总是耐心地讲解，或者和小威一起观察、分析。在父亲的启发下，小威还写出了一个毛毛虫蜕变为蝴蝶的故事。

世界上许多伟大的创造发明与发现都源自于对周围事物、现象的质疑。

如瓦特正是因为有了"水蒸气为什么能推动茶壶盖"的问题，而最终发明了蒸汽机；梅尔道克正是有了"煤是否也能在水里燃烧"的问题，而发现了煤气；牛顿正是有了"苹果为什么总是往下掉"的问题，发现了地球的万有能力，等等。毫不夸张地说，没有问题、质疑，就没有创新与创造。因此，作为家长，应重视对孩子好问习惯的培养。

孩子从来到这个世界上的那一时刻开始，就充满着对认识世界的满腔热情，表现为对什么都感到好奇，总有问不完的问题。这也是每一个孩子的天性。可许多调查却表明：孩子逐渐长大后，能够勤学好思、大胆提问质疑的却不多。这是为什么呢？

我们不得不反思对他们的教育：对于孩子的好问，做父母的保护他们的积极性了吗？给孩子们提供了积极提问的环境了吗？我们反思这一切，迫切需要改变这一切来重新培养孩子好问的习惯。

1. 保持和激发孩子的好奇心

很多家长都有这样的经验：孩子总喜欢追着自己问这问那，小脑袋瓜里似乎装了十万个为什么似的，把家长都问得莫名其妙，甚至不耐烦。

在这个时候，有些家长常常为了省事，要么随便说两句话敷衍一下孩子，要么就批评孩子不应该问这个，或者不应该这么问。实际上，这是非常错误的做法。

这些父母不知道，自己这种对待孩子提问的方式，一方面可能给孩子留下错误的答案，而这个答案会形成一种偏见根植于孩子的观念之中，在以后的日子里孩子很可能会按照错误的道路行走，其中的危险应该是显而易见的。另一方面，有些孩子因为敏感而聪明，他们发现了家长的不耐烦后，会产生对家长的不信任感，之后遇到什么事情也不愿意再向父母询问，而保持一种缄默的处理方式。

因此说来，无论在什么情况下，无论孩子提出什么样的问题，家长必须对孩子的问题保持足够的耐心。

2. 仔细分析孩子所提问的问题类型

家长要清楚孩子问的问题，然后还要努力把孩子的问题引向一个大的门类上面去，让孩子对这个问题的认识能够有一个深入的过程，而不是浅尝辄止，满足于表面的理由。当然，这需要父母有一定的文化知识底蕴。不过，即使文化水平不太高，家长也没必要担心，因为孩子问的问题并没有我们想象的那么发散，大多还是具有一些共同特点的。比如，孩子可能会在某个阶段特别关心性别方面的问题，问的很多问题也是与此相关的。此时，家长给予适当的引导就可以了。

3. 孩子提简单问题也无妨

很多家长遇到孩子提问时，往往认为如此简单的问题也要问，于是因"毫无思维价值"而冷淡处之。其实，问题是简单还是较为深入，这与孩子对事物的观察程度与平时积累的认识经验有着密切的联系；而且孩子在简单问题的思考中常常能发现更多深层次问题。所以，作为父母，有必要不厌其烦地听取孩子提出的简单的问题。只有给他们一个积极宽松的提问环境，他们才更有可能养成良好的习惯。

4. 引导孩子提问，拒绝依赖他人

很多孩子懒得动脑筋是因为他们已经形成了一种依赖性，就是家长什么问题都会回答他，渐渐地，孩子会失去提问的欲望和热情，学习和知识的接受都会变得比较被动。所以家长应该要启发孩子，引导他自己完成，杜绝依赖。

刘宇这个男孩子做事没有耐性，做什么都是三分钟热度。为了改变儿子的这个毛病，他的爸爸决定要激发孩子学习的兴趣。于是他经常会提一些问题给儿子，比如一些常见的现象也要问问儿子。在这样的过程当中刘宇渐渐地喜欢思考、提问题了，学习也变得主动了。

因为没有了对父母的依赖，孩子会逐渐独立思考，在遇到不懂的问题的时候，他们才会勤学好问。所以家长一定要给孩子遇到问题的机会。如果孩子不够主动，那么家长就要为孩子制造机会，逐渐的孩子就会养成勤学好问的习惯了。

✤ 博览群书，让知识充盈大脑

孙琳的女儿凡凡从小就喜欢读书，现在上小学五年级的她比同龄小朋友在阅读、写作以及语言表达方面的能力都要高出一些，而且凡凡身上体现出一种淡淡的书卷气。对此，孙琳说，这可能和凡凡从小到大读了很多书有关。

孙琳透露，自己是这样来引导女儿凡凡的读书兴趣的：从 2 岁半开始，她几乎每天都坚持给凡凡念书。起初读的是一些优美的故事，每每听她读书，凡凡就会表现出愉快的情绪。就这样，那一个个优美动听的童话故事陪伴着凡凡成长的每一天。正是在这种熏陶之下，凡凡的语言、写作等能力均得到了很大的进步。慢慢地，凡凡自己也感受到读书带来的乐趣了。

上小学后，孙琳开始逐步"放手"，以吊吊女儿求知的胃口。开始孙琳还是坚持每天给女儿讲故事，但讲到一半时，就会找个借口让凡凡自己看完另一半故事，比如说："真不巧，妈妈有点工作还没做完，要不你自己先把结局看完吧。"

凡凡虽然不太乐意，可强烈的求知欲让她继续往下看。虽然还有很多字她并不认得，但没关系，有拼音帮忙，慢慢地，凡凡就养成了自己看书的习惯。

因为喜欢读书，逛书店就成了孙琳和女儿凡凡常做的一件事。孙琳说，只要书的内容是健康的，她一般不会限制女儿购买。她说，只有阅读范围不断地扩大，才能汲取到更全面的知识。

于是，凡凡的书柜里，已经从原先占绝大部分的童话故事到后来儿童小说、百科全书、儿童画报及杂志等分得了半壁江山。随着知识面的不断拓宽，凡凡的自信心也越发增强。如今，凡凡已经把读书作为自己生活的一部分了，在汲取知识的同时也享受着快乐。

也许父母们曾有这样的感触：上学时，即使爱读书的同学不学习，他们的语文成绩也会特别好；而不爱读书的同学尽管很刻苦学习，他们的语文成绩仍不会很突出。进入社会后我们也会惊奇地发现，身边那些有着知性气质的人，大多都有热爱读书、热爱学习的习惯。

读写能力是我们成功接受教育和选择事业的垫脚石。如果孩子不喜欢读书，或者因为阅读能力差而灰心丧气，那么家长就应该想办法培养孩子读书的兴趣。

书是一个好东西。一个没有书籍、杂志、报纸的家庭，就等于一所没有窗户的房屋。小孩子常常接触书本，他们就会对书籍产生浓厚的兴趣，就会于不知不觉中学会书中的许多知识。时至今日，简直每个家庭都不可无书籍。

读书之所以是一种乐趣，并不在于作者告诉你什么，而是因为读书能让人积极思考。在作者的引导下，人们的想象任意驰骋，甚至超越作者的想象。这让人们不仅从书中了解世界，体验别人的生活，也会认识自己。

书是滋润灵魂的精神食粮，而精神食粮永远也不嫌多！家长一定要帮助孩子养成爱阅读的好习惯，具体可从以下几方面着手。

1. 培养孩子的阅读兴趣

在培养孩子阅读兴趣的过程当中，孩子会认识多少个字并不重要，而激发孩子对文字的好奇心和兴趣，产生认字、写字和阅读的强烈愿望和动机是第一重要的事。

父母要知道，文字对于孩子来说是个新鲜的东西，如果单纯地让他学习某个字是很容易让孩子感到枯燥乏味的。而如果让这些文字和孩子的生活联系起来，让从来就没有接触过文字的孩子开始学习文字，体验到文字能给他增加生活的乐趣并带来方便，那么他就有了学习的动力。有了动力，就有了开始，慢慢地阅读就会成为孩子的一种习惯，成为他人生的一种积累。

2. 让喜欢读书的小伙伴来引导孩子

所谓"近朱者赤，近墨者黑"，孩子们相互之间的影响力是巨大的，让自己的孩子和喜欢读书的朋友多交往，在他们的感染之下，孩子就会慢慢地喜欢上读书了。

点点是个顽皮的孩子，他怎么都静不下来，总是喜欢到处跑。但说来奇怪，和好朋友在一起的时候，他就能变得安安静静。比如大家在专心看动画片的时候，他也能静下心来观看。这下点点的妈妈发现了一个好办法。她时常让点点的朋友来家里玩，然后她会准备一些孩子们喜欢的书籍。慢慢地，点点也爱上了阅读，就算朋友不在身边，他也能静下心来阅读了。

3. 经常与孩子交流

在孩子年龄尚小的时候，父母可以与他一起阅读和创作；当孩子大一些的时候，可以和他一起讨论和交流。如果孩子在阅读中提出问题，家长要尽量回答他的问题。同时，在家里，最好常备一些少年儿童百科全书类的书籍。当孩子提出问题时，家长要引导他从书籍中寻找答案，启发孩子讨论思想、艺术方面的内容，尽量让孩子发表自己的见解。

孩子一旦拥有良好的阅读习惯，他就会以阅读为乐，由此，他的知识面也就更加广泛，能够进一步学习更多的知识。如此，你的孩子就会成长为一个有着浓浓书卷气的人了。

4. 营造一个良好的读书环境

孩子容易受周围环境的影响，因为成长中的孩子对一切都充满了好奇心。在这种情况下，让孩子安静下来看书似乎不是什么简单的事情。但是，如果有一个良好的环境，让孩子乖乖阅读也不是什么难事。

具体来说，在孩子阅读的时候，家长尽可能不要打扰孩子，比如电视开很大声，或者很吵闹，等等。最好在孩子看书的时候家长也能看书，这样就有一个非常良好的阅读氛围。另外，在房间的布置上也不宜过于杂乱，这样会让孩子难以静下心来，简单一点比较好。有一个良好的读书环境，让孩子能够沉醉于阅读，那么渐渐地他一定会爱上阅读。

✿ 善于思考，让小脑瓜"动"起来

思思是一个懒惰的孩子，她不喜欢做家务，也讨厌学习。思思的家长感到非常苦恼。孩子平时根本不会主动去思考，学习就像喂饭一样，喂一点学一点，一点都不知道主动。而且，家长教会她基础知识之后，稍微延伸一点她就不会了，常做的题变个形式她就不懂了。

这并不是因为思思太笨，实际上思思很聪明，只不过在思考这方面她表现得太懒惰。她已经习惯于别人教什么学什么，根本不会主动去思考问题，更不要说自己解决问题了。之所以产生这样的结果，这和思思父母的教育分不开。

思思小的时候简直就是一个"问题专家"，什么都喜欢问，什么都要想。孩子一有问题，不解决那是不会罢休的。所以对待思思的问题，她的爸爸、妈妈一向会第一时间作答。不过他们也有被问烦了的时候，当思思想要深入了解一个问题的时候，她的妈妈就会不耐烦地对思思说："你记住这个就行了，再想就是科学家的事情，你不用知道那么多。"

刚开始思思不依，但是时间久了，就成为了一种习惯性的依赖。思思不会主动去问问题，因为如果有重点老师一定会说。她觉得什么都不用思考，因为只要有问题爸爸、妈妈一定会给自己一个答案的。她认为自己也不用深入思考，因为还有科学家……就这样，思思越来越懒惰，不愿意动脑筋了。

惰性是每个人都难以抵抗的，孩子更是如此。因为懒惰会成为一种习惯，腐蚀人们的上进心。几乎每个孩子都会有一个"问题爆发"的阶段，在孩子好奇心旺盛的时候，他们会不停地问"为什么"。实际上这个过程也是孩子在思考的过程，他们有了思考的意识，这对于孩子来说是一个成长。但是有时家长意识不到，他们会觉得孩子无止境地问问题很烦，所以三言两语打发掉，就像思思的妈妈那样。这样一来不但打消了孩子思考的积极性，也会让孩子的认知出现偏差，就像思思一样。

思考是后天养成的一种习惯。作为家长，应该要懂得启发引导孩子，让孩子学会思考，善于思考，而不是一味帮孩子解决问题。家长应该要知道，孩子是一个个体，他有自己的思想，家长应该要做的就是培养孩子的独立意识，让他懂得自己思考，而不是事无巨细全部传教给孩子，否则孩子就会成为家长的"复制品"。

那么，家长到底应该怎样教育孩子才是正确的呢？

1. 撤开保护网，让孩子独立起来

独立的生活能力是独立思考的前提，家长如果过度保护的话，那么孩子永远也学不会独立。家长应该适当让孩子自己去解决问题，这样孩子慢慢不再依赖父母的时候，独立思考的习惯也就养成了。

诚诚是一个独立自主的孩子，他在同学当中就像是一个中心人物，因为面对问题他总有办法。之所以诚诚成为这样一个孩子，主要因为在他还小的时候他的家长就开始着手培养孩子的独立自主的能力了。诚诚的父母不会总是插手孩子的事情，还会引导孩子自己做事，渐渐地诚诚就养成了独立思考

的好习惯。

在孩子遇到困难和问题的时候，都会习惯性地依赖父母，如果家长给予解决，那么孩子就永远不会独立解决问题。如果孩子再次遇到问题找家长的时候，不妨引导孩子自己思考解决的办法，这样家长才能慢慢放手。

2. 和孩子交流，挖掘孩子的好奇心

思考要以兴趣为前提，如果孩子对某件事物产生浓烈的好奇心时，就会有思考的意向。因此，家长应该要保护和挖掘孩子的好奇心。家长对孩子的了解是必不可少的，平时可以通过和孩子多交流来了解孩子的好奇心和兴趣点，从而进行引导和启发。

另外，在和孩子交流的时候要注意一点，就是不要经常回答孩子的问题，而是多以启发式的问题来引导孩子，让孩子自己寻找答案，这样有利于孩子养成善于思考的习惯。

3. 思考也需要氛围

家长要给孩子独立的空间，才能让孩子懂得独立思考。这个条件是需要家长来创造的，不要过多干涉孩子的生活，让他懂得自己动手。比如衣服脏了的时候，要孩子自己动手洗。家长不要只让孩子一味地学习，要让孩子懂得照顾自己的生活，比如收拾房间，等等。在动手的同时，孩子也会遇到一些问题，他会自己解决问题，所以不要剥夺孩子思考的权利。

4. 让孩子学会举一反三

任何时候多角度考虑问题都是没错的，在孩子大脑发育的过程当中，家长应该培养孩子的发散性思维，让孩子学会多角度考虑问题。

张瑾是一个做事严谨的女孩子，凡是遇到问题，她都懂得从不同方面进行考虑。因为在她小的时候，每当遇到困难，她的父母都会引导她自己找方法，从不帮忙。而且在问题解决之后，她的父母也会给她一些建议，比如她还可以怎么做。慢慢地，张瑾懂得了事情的多面性，遇事也会多方面考虑了。

多角度思考问题非常重要，家长不应该看到孩子解决问题就算完了，还要让孩子知道，原来生活是"多选题"，可以从不同角度去看。当这种思考方式形成一种惯性思维的时候，孩子自然就善于思考问题了。

❀孩子的想象力需要保护

卡卡在同学眼里是个了不起的孩子，他总有很多主意。但是，在长辈看来，卡卡总是有很多奇奇怪怪的想法，没人能够理解。

举例来说吧，在课堂上的时候老师用形象的比喻来让孩子们记住问题，老师说像什么，卡卡偏偏反着来。上美术课的时候，老师带着孩子们去写生，他偏偏要用灰色画树木，还把天空涂成绿色。老师说他他还不服，还跟老师顶嘴。这些问题多得都数不清，因为这样，卡卡总是挨妈妈的批评，小小的年纪就对家长产生了抵触心理。

卡卡的妈妈说破了嘴，卡卡仍旧不听话。卡卡的爸爸出差回来后，听说了儿子的"光荣事迹"，他觉得卡卡虽然有些调皮，但这也是他有想象力的表现。因此，他决定要正面引导孩子，保护孩子的想象力。

假期的时候，他会带着儿子去写生。当孩子画面中呈现出的是和现实完全相反的一番景象时，他没有批评儿子，而是引导孩子回答为什么自己眼中的一切是这个样子的。之后，他还常常给孩子买一些科幻类的书籍，果然如他所料，卡卡喜欢上了这些故事。不过他总是将结尾的几页撕掉，让卡卡自己去想结局。

让人想不到的是，卡卡天马行空的想象为他带来了很大的收获。因为他长期看科幻小说，又喜欢画画，卡卡向一个杂志社投稿了，他的短篇漫画充满了想象力，独特的人物设定，不一样的世界观，让卡卡在孩子中间"火"了。

孩子今后能否取得成就，与孩子的记忆力、想象力和创造力有很大的关系。想象力是人脑的一种机能，是人类创新的源泉，它可以把我们带入一个虚拟的世界当中，使我们享受快乐，享受自由，享受惊奇，享受现实生活中少有的感受。

没有一个父母不希望自己的孩子能够拥有成功的人生，但并不是所有的父母都懂得培养孩子实现这一理想的方法。其实，父母作为孩子成长的启蒙老师，在培养孩子的过程中，抓住关键的内容、关键的方向及关键的时间，进行科学有效的培养，那么孩子才能够在未来的生活中走出一条康庄大道。

而想象力就是"关键内容"之一。有的父母因不了解孩子们的世界，当孩子用木片和纸盒建筑城市、宫殿时，他们为了收拾屋子，往往不与孩子打招呼就破坏了孩子的游戏。这就无情地摧毁了孩子的精神世界，摧毁了孩子创造力的发展倾向。这一举动的糟糕性在于，这不仅剥夺了孩子的幸福和游戏的欢乐，而且阻碍了孩子将来成为诗人、学者、发明家……

想象力是智力的重要成分，聪明的孩子一定具有丰富的想象力。孩子如果缺乏想象力，就不能很好地掌握知识，也缺乏创造力。

那么，怎样培养和提高孩子的想象力呢？

1. 尊重孩子的想法

有句俗话说："脑子越用越灵，胆量越练越大。"有的小孩彬彬有礼，有的小孩落落大方，有的小孩胆怯怕事，有的却活泼可爱，其实这都和父母的教育是分不开的。孩子最初就像一张纯白的纸，要想让他具有超强的想象力，就必须让他们多想，不要阻止他想的思路，对他尽量多说"好"，而不要在他的面前说"不"，除非他有重大过错。

米米的小脑袋瓜里总有各种各样稀奇古怪的想法，她觉得鸟儿身上的羽毛就像衣服一样，是可以换的。她还认为鸟儿的窝里也有沙发、电视……但是她的这些想法显然不符合实际，她的妈妈总是批评她，还告诉她不许这样想。一而再、再而三地受批评，米米妥协了，她按照妈妈希望的那样想，也不再手舞足蹈地和妈妈讲那些新奇的想法了。不过从那时开始米米变得沉默了。

童年是孩子想象力最丰富的时期，而丰富的想象力又是他们进行探索和创新的基础，所以父母们一定要注意对孩子的想象力进行激发和保护。比如，当我们和孩子做游戏的时候，就要避免对他们指手画脚，要让他们自己去掌控这个游戏，只有这样才能充分发挥他们的想象空间，让他们玩得尽兴、快乐。

2. 鼓励并引导孩子的"奇思妙想"

一个孩子的想象力再丰富，也需要父母和老师适时地挖掘和培养。有时候，孩子的思维天马行空，完全不着边际，让人无法理解。这时候我们要做的不是去纠正他，而是顺着他的思路，仔细地去听听孩子的解释。

比如，小草变绿的时候，他们会说"小草不喜欢穿黄衣服了，它想穿绿衣服呢"；当雪人融化的时候，他们会说："雪娃娃也要减肥了呀！"此时，我们不要告诉孩子是春天来了，或者是温度升高了，作为父母，我们也要有一些童心和诗意的想象，只有这样才能让我们的孩子更加富有想象力。

3. 给孩子的想象插上翅膀

孩子的想象也需要条件。比如在孩子玩飞机的时候，家长可以只教他一种玩法。以后，让孩子自己去想，还有什么样的玩法，飞机飞起来时是怎样的，飞机下降时又是怎样的。创造条件让孩子去想象。

第六章　成败观：
追求不必太执着，尽心尽力即可

Chapter 06

"望子成龙"是每位父母的心愿，

我们总是尽己所能为孩子提供各种可以

"成才"的物质条件和精神条件。

渴望成功没有错，

如果父母的教育方法不当，

很可能会扭曲孩子的价值观。

其实，最恰当的教育方式是，

让孩子在成败面前有广阔的胸怀，

同时保持一种淡然的态度。

Part1 幸福比完美重要

我们总是按照社会和他人的期许，无休止地追求完美——做得比以前好，比别人更好，每时每刻都力求快乐，这一理念也影响到了我们的孩子。然而，这是一种错误的价值观，因为苛求完美恰恰是寻求幸福最大的障碍。教孩子放弃完美主义吧！事实上，每个孩子不必做到"完美"，就可以拥有圆满富足的幸福人生。

✤孩子，你已经很完美了

芳芳是一名体育委员，个头高高的，身体素质又好，所以刚升入新的班级时，就被体育老师"盯上"了。就这样，芳芳成为体育委员中不多见的一名女生体委。

可是女生毕竟是女生，一些重体力活还是不如男生做得好。比如，前段时间，芳芳所在的班级正在上体育课，体育老师因为有急事需要离开，就对芳芳交代了一下，让她下课后负责把铅球、哑铃、体操垫等器材搬到老师办公室。芳芳爽快地答应了。可是，当她按照老师的吩咐去搬那些体育器材的时候，却力不从心。而这时候，其他同学都已经离开操场了。

一时间，芳芳不知道如何是好。她一个人费力地搬走几样后，实在搬不动了，蹲在地上直想哭。

正在这时，体育老师从远处急匆匆走过来。看到芳芳的样子，老师就问她："怎么了？为什么哭？"芳芳说，老师交代的任务自己完不成了，所以感觉自己很笨，没有尽到自己的职责。

体育老师听了，哈哈笑出了声，说道："看你平时高高大大，性格也很爽朗的一个女孩子，居然因为这么点小事儿哭。你为什么不叫别的男孩一起帮你呢？我当时可没说让你一个人搬运这些东西的。好了，别哭了，老师来搬好了。"说完，体育老师动手搬了起来。

虽然体育器械最终都被安置妥当，但是芳芳心里却始终放不下，她总觉得自己的做事方法存在问题。真的像老师所说，自己为什么不提前找几个男孩子，让他们帮着搬呢？还有，自己一个女生，没有男孩子那么大的力气，还不如把体育委员的位置让给别人呢！

回到家后，妈妈发现了芳芳情绪不对，就问她为什么不开心。

芳芳就把搬体育器械的事情告诉了妈妈。妈妈听后不但没有指责她的粗心大意，反而安慰她道："别难受，咱们认真汲取这次的教训，下次掌握做事的技巧和方法就是了。"

"我真没用，连这么简单的事情都做不好！"芳芳非常沮丧，没了一点自信。

"傻孩子，谁都会有做事不妥的时候，妈妈也犯过这样的错误呢。"妈妈表示对女儿的理解。

"真的吗？"芳芳对妈妈的话将信将疑。

"嗯，只要你知错就改就是个好孩子！"妈妈鼓励着女儿。

听了妈妈的话，芳芳终于露出了放心的笑容："那我以后一定注意，争取再也不犯傻了。"

追求完美是人的一种本能，芳芳太过追求完美，反而将自己定格在了"超人"的范畴内。没有人是完美无瑕的，人与人之间的差别就非常鲜明地说明了这一点，你这方面比别人强，说不定其他方面就不如别人，这也是造物主的公平。芳芳虽然大个子，但她始终是个女孩子，有自己做不到的事情很正常，但是，如果将事态看得过重，那么就会对自己的能力产生怀疑，从而变得不自信，一个自卑的人自然无法感知生活的美好。

另一方面，成长当中的孩子会越来越在意自己的能力，对自己的要求也越来越高。高要求是件好事，但有很多事情是我们无法控制的。家长应该要帮助孩子正确而客观地看待自己，这样才能让孩子快乐成长。

1. 给孩子正确的审美引导

一个人审美水平的高低将直接反映到其气质上来。往往气质高雅的人，他的审美能力也高。这样的人知道在什么场合穿什么衣服，戴什么首饰。

对于幼小的孩子而言，他们最初对于美的追求可以说是从模仿一些成年人开始，这样可能会因为盲目追求美而出现一些低级错误。父母若是发现了，不要讽刺和打击孩子，否则会导致孩子自卑，并抹杀其对美的追求，阻碍孩子正确审美观的形成。

有一天可可扬言要给父母一个惊喜，结果她出来后把妈妈吓坏了。可可的嘴唇涂得红红的，眉毛画得又粗又黑，头发也弄得像个鸡窝似的。妈妈不禁摇起头来："天哪，妈妈还以为我们家出现什么怪物了呢！你可真是瞎胡闹，才这么大，就弄得跟个妖精似的，难看极了，快洗掉!"没想到妈妈的这句话让可可受到了很大的打击，学校演节目的时候她死活都不肯化妆。

由此可见，父母对于孩子的态度将直接影响他对于美的追求。诚然，父母都希望自己的孩子懂得穿衣打扮，拥有不俗的气质，可是这些都离不开父母的正确引导。

2. 让孩子尽情施展创造美丽的才能

很多孩子都有自己的毛绒玩具，父母可以让孩子为玩具穿衣服，换衣服，并且告诉他："孩子，你试一下，怎么给娃娃穿衣服才最美丽呢?"这时候孩子就会很乐意地为玩具换衣服。此外，父母可以让孩子动手给娃娃制作衣服及小装饰，比如给孩子一块漂亮的布，让他给娃娃穿上一条花裙子，或者让孩子往娃娃的头上戴一下，看怎么弄会更美丽。这些都是让孩子施展创造美丽才能的表现，不知不觉中你会发现，孩子越来越会打扮自己了，也变得更加漂亮可爱了。

3. 带孩子走出攀比的误区

孩子的自我意识会让他们产生希望成为别人注目的焦点的愿望。因此，他们会努力让自己漂亮、帅气，当看到别人有而自己没有的东西时，往往就会不由自主地产生一种自己也想拥有的心理。

之所以如此，其实不一定是孩子真的感觉别人的东西好，而是他的攀比心理在作怪。在他们看来，别人之所以比自己漂亮、帅气，是因为他穿的衣服是名牌，戴的手表是名牌。在这种心理指导下，他就会要求父母给自己也买名牌服饰，并认为自己穿上也会形象不俗。如果这种想法成为一种习惯，那么孩子的审美自然会出现偏差。

所以，一旦发现孩子出现攀比心理，父母一定要及时帮助纠正，把孩子引导到正确的审美取向上来。

4. 看到孩子的进步

父母应该学会全面看问题。比较有两种，一种是横向比，一种是纵向比，看孩子的进步，不仅要横向地看孩子和别人的差距，更要纵向地看孩子相比于从前取得了哪些进步。家长不能用学习上的进步来牺牲孩子的成长，盲目攀比的结果是孩子的个性消失，甚至是个性的扭曲。更加可怕的是，家长的攀比会渐渐让孩子也养成爱攀比的坏习惯。

让孩子学会竞争固然重要，但是还是少拿其他孩子与自己的孩子比较吧！这样做，既能保护孩子自尊心，又可以让你的家教轻松许多。父母要明白，每个孩子的性格和特点都是不同的，这种差异未必就是差距。只要孩子付出了努力，父母就不要对孩子过于挑剔，这样的教育就是成功的。

✤放下追求完美的心理

笑笑是班里第五小组的组长，每周五负责带领该组的 5 位同学做值日。

这天周五，轮到笑笑他们组值日了。就在笑笑扫地的时候，班主任陈老师走过来对他们说："今天第五小组的同学打扫完卫生后，记得把教室的窗户和门关好。"笑笑满口答应着。可是，等打扫完卫生，笑笑光想着 6 点钟播放的《奥特曼》，把老师说的关窗一事忘到了脑后，其他几个同学也没记住。

就这样，教室里的窗户就一直开了两天。

周一早晨，笑笑刚走到教室门口，就听见陈老师在教室里面询问："星期五是谁值日的？""是我们组，陈老师。"笑笑站在门口，不知道发生了什么事情。"周五临放学前，我不是提醒你走前关窗户的吗？"陈老师质问笑笑。这时候，笑笑才突然想起来，因为那天急着赶回家看电视，自己打扫完卫生忘关窗户了。

"周六刮风，撞碎了好几块玻璃。这周的教室卫生都由你来负责！"陈老师宣布完惩罚结果，走出教室，剩下笑笑一个人低着头站在原地。

放学回家后，笑笑妈看女儿闷闷不乐地把自己关在房间，也不出来看电视，有些担心："闺女怎么了？谁惹你不高兴了？"

于是，笑笑就把今天在学校发生的事情告诉了妈妈。妈妈听后不但没有指责她的粗心大意，反而安慰她道："别难受，咱们认真汲取这次的教训，下次做事细心点就是了。""我真没用，连这么简单的事情都做不好！"笑笑非常沮丧，没了一点自信。"傻孩子，谁都会有因为粗心犯错误的时候，只要你知错就改就是个好孩子！"妈妈鼓励着女儿。听了妈妈的话，笑笑终于露出了放心的笑容。

都说"金无足赤，人无完人"，世上没有什么是绝对完美的，人是如此，事情也是一样。当然，很多家长都希望自己有一个尽可能接近完美的孩子，希望自己的孩子是多面手，什么都会。当然，这个想法是好的，因为现代社会竞争激烈，多掌握一种技能就是为自己的未来多加了一个筹码，但是家长们不应该忘了，孩子的能力和精力都是有限的。如果要求过高，不但达不到目标，反而有可能限制了孩子的能力。

不要过高地要求孩子，更不要要求孩子变得完美。人生就没有完美可言，家长放轻松一些，孩子的成长之路才能顺畅一些，孩子才能快乐一些。要知道，孩子的成长不只是知识的积累，也是性格的培养，引导孩子不要对自己要求过高，才能无惧地迈开步伐。

1. 不要奢求"完美的孩子"

一次成绩不理想，有的家长就会对孩子说："连个成绩都保持不住，我看你是没希望了。"孩子正值敏感的年龄，家长一句无心之失就可能让孩子对自己失望。其实，人本身就有一种追求完美的本能，大人一样，孩子也是一样。在孩子失意的时候，家长不要一味指责孩子没有达到目标，这样只能让孩子对自己失去信心，压力也越来越大。

适当减轻给孩子的压力，不要过分奢求，你应该让孩子知道他是最棒的，而不是他是不完美的。当孩子的自信成为一种习惯的时候，他才会向完美靠拢。

2. 引导孩子正确看待自己

有的时候孩子无法接受不完美并非是家长所致，而是孩子本身对自己要求过高。有时家长看到孩子的这种进取心会非常高兴，顺应孩子的发展。但事实上，如果孩子对自己要求过高，家长应该适当引导，否则孩子就容易走向极端。

李铭是一个自尊心很强的男孩子，他对自己要求也很高。他从小就喜欢看一些伟人传记，他发誓自己以后一定要成为一个了不起的人。为了这个目标，他付出了自己全部的努力。但是每到考试的时候，他就紧张得没有办法上考场。他的父母不知道为什么，他们从来没有逼迫过李铭，但孩子压力还是很大，渐渐地他甚至没有办法上学，一看到书本就头疼。

家长不给孩子施压并不是就没有责任了，还要观察孩子平时的自我要求，像李铭这样的孩子，很明显是对自己要求过高了。家长平时要多注意引导，比如给孩子讲一些伟人曾经的失败和挫折，以此告诉孩子，没有完美的人，一时的失败不代表什么，只要继续努力，目标还是可以实现的。

3. 让孩子勇敢起来

虽然孩子追求完美是一件好事，但有时受了打击、挫折后，孩子往往因为不够勇敢而出现消极的态度，有可能就此一蹶不振，失去勇气和信心。这个时候，家长就要引导孩子走出失败的阴影，不要因为一次失败就对自己失去勇气和信心。

具体来说，家长首先要端正态度，多一些鼓励，不要冷嘲热讽，像是"你也就是说说，根本做不到"这种嘲讽的话一定不能说，否则会让孩子更加消极。家长要让孩子看到自己失败的原因，帮助孩子分析，引导孩子找到解决的方法，然后鼓励他重新站起来。这样渐渐地孩子就会重拾勇气和信心，还能从失败当中总结经验，获得力量。

4. 鼓励孩子多尝试

实践出真知，有的孩子怕受挫，轻易不敢尝试，总想什么都完美才行动。作为家长，要培养孩子的行动力，鼓励孩子多进行尝试，让孩子知道行动的重要性，从中获取经验，体验失败。如果孩子经常去尝试的话，那么他渐渐会明白失败是常有的事情，这样他就不会极端地追求完美了。

❧ 让孩子知道，成绩不是最重要的

李真是一个容易紧张的女孩子，在她眼中，没有比成绩更重要的了。每次考试前，她都如临大敌，紧张得无以复加。

李真之所以这样，除了她本身积极进取之外，还有一部分原因来自于父母的压力。每当李真的成绩有波动的时候，她的父母都会严厉地批评她，有时甚至好长时间不理她。这让李真感到非常不安。所以对于她而言，分数是最重要的东西了。只有保证自己的成绩，才能让父母对自己绽露笑脸。

实际上，李真的父母非常爱自己的女儿。他们上学时成绩都不够好，后来也没有进入理想的学校。因为这样，他们非常看重女儿的成绩，因为他们将所有的寄托全部放在了孩子身上。他们觉得，要想让孩子保持成绩，就要给孩子施压，每当孩子成绩不理想的时候，就要受到相应的惩罚。

打骂孩子不可取他们自然知道，但批评是少不了的，有时也会不理女儿，直到孩子再次获得好成绩，他们才会绽露笑颜。本来这样一直很好，但是随着孩子升入五年级，面临人生第一次选择，李真竟然退缩了。考试前她总是紧张过头，有时甚至失眠，第二天状态不好，考试自然难以获得好成绩。

每次成绩不好，李真对待下一次考试就会更紧张，就像是恶性循环一样。李真的父母这下意识到自己给孩子的压力太大了。

现在生活节奏很快，家长难以时刻关注自己的孩子。在孩子上学之后，很多家长都将孩子的教育问题托付给了学校。而对于大部分家长而言，学校给予自己的反馈最直观的就是孩子的考试成绩，也就是分数。

分数对于孩子而言很重要，因为这是考核他们的一个标准，而家长大部分也以这个作为衡量孩子的标准。但是有时家长忽略了一个问题，孩子一次考试的分数真的能够代表孩子的学习吗？

其实，考试只是为了反馈孩子一个阶段的学习情况，但是有时临场发挥有所不同，孩子的成绩可能有失精准。如果家长太过看重分数，那么可能导致孩子对分数的认知也出现了偏差，他也会将分数看作考量自己的唯一标准。当成绩不理想的时候，很可能会让孩子对自己失去信心，或者是影响学习状态，导致恶性循环。

家长应该要让孩子知道学习的目的不在于分数，只有放下心头的重担，孩子才能快乐成长。那么家长要怎样向孩子传达这个信息呢？

1. 家长要明确态度

很多孩子对分数的看法来源于家长。当家长很看重分数的时候，孩子也会给予分数极大的关注。如果家长能够自如地看待孩子的分数，那么孩子也就不会受分数的控制了。

童童这次英语考试失败了，她很失落。见妈妈的时候，她低着头说这次考试才考了63分。妈妈听后没有批评孩子，而是对孩子说："宝贝，你这次虽然没有考好，但是及格了，你一直在努力不是吗？这次哪里有错误，下次改正就好。考试是为了让你找到不足，一次分数不代表什么。"听了妈妈的话，童童很快从失落中振作起来了。

在孩子成绩不够理想的时候，家长应该给予鼓励，订正孩子对成绩的错误看法，就像童童妈妈那样，让孩子认识到分数的真正意义，这样孩子就会正视学习，不会将分数当成学习的目标。如果家长过于看重分数，那么逐渐地应付考试就会成为孩子的一种习惯，从长远来看，这非常不利于孩子的成长。

2. 让孩子知道能力最重要

如果孩子过度重视分数，那么就失去了学习的意义。家长应该培养孩子学习的能力，善于思考的习惯，而不是得分的水平。孩子有时面对分数可能心理压力过大，家长要适时地开导孩子，让孩子明白能力的重要性。

平时家长要多注重孩子的动脑能力和动手能力的培养，而不是一味地让孩子死读书、背概念。

3. 要用正确的态度对待孩子的成绩

有的家长发现孩子成绩不理想，第一反应就是批评教育，或者大发雷霆。当然，家长这样做的目的是好的，但是很可能给孩子一个错误的信息，就是你只看重他的成绩。当然，除了发火之外，冷暴力也是应该要极力杜绝的。

如果家长不理睬孩子，或者对孩子表示出不关心，那么孩子的心理会受到很大的伤害。即便孩子考试失利，家长也应该给孩子一个解释的机会，至少要知道孩子因为什么考试失利，解决问题才是关键。

家长面对孩子成绩的时候要有一颗平常心，要让孩子也有一颗平常心，养成考试后分析失败原因、总结经验的习惯才有利于孩子成绩的提高。

远离忌妒，不吃"酸葡萄"

某小学家长们的 QQ 聊天群里，大家正热火朝天地谈论着孩子的忌妒心理。只听一位妈妈说："我家李婷都 9 岁了，以前还觉得她挺乖巧懂事的，可现在越来越让我发现她的忌妒心很强。在小区里见到别的邻居的孩子，我只要逗人家一下，她就大声吼叫，严厉制止；如果我夸奖别的小朋友两句，她也受不了。最近，她因为作文比赛只得了二等奖，而她的好朋友得了一等奖，她就又忌妒心泛滥了。"

接着，凯凯的妈妈说道："我家凯凯本来和同学辉辉很要好，两个人每天一起上下学，一起做作业，有什么喜欢的东西也乐于分享。但是最近，因为辉辉被评上了三好生，他就和人家疏远了。"

对孩子的忌妒心同样感到不可思议的还有灼灼的爸爸，他说："前些天，学校里举办歌咏比赛，我们家灼灼觉得自己临场发挥失了水准，所以对于那个超过他的小选手很是不服气，总说第一名本该是非他莫属的。我和他妈妈劝导了多次，让他接受现实，可他心里就是别扭着，一副不服气的样子。"

著名思想家培根曾说："忌妒是一种软弱的傲慢，应当受到鄙视。"

说到忌妒，家长们都不陌生。在我们生活的周围，常会看到这样一些人，他们看到别人的长处和人家所取得的成就后，心里就像爬满了虫子，非常不舒服。在他看来，只有他才配得上这样的成就和优势，而除了他自己之外，别人是没有资格的。这，就是我们常说的"忌妒"。

可以说，忌妒是一种很普遍的心理情绪，几乎没有人不会不忌妒。一个尚在襁褓中的幼儿，在看到自己的妈妈抱别的孩子时，就会出现哭闹的不满反应。当孩子长到八九岁，其忌妒心理会更强，比如，当发现别的同学穿的衣服比自己的高档，玩的玩具比自己的先进时，就会生出忌妒的情绪。甚至有时候，老师表扬了某个同学，他们也会很不屑地嗤之以鼻，见到好朋友考试成绩比自己好而耿耿于怀……

作为孩子的父母，也许你也有和上述家长同样的感受。孩子时常表现出来的忌妒情绪，让我们感到不可思议。其实，妒忌是一种很正常的情绪体验，它是指自己的才能、名誉、地位或境遇被别人超越，或者彼此距离缩短时所产生的一种由羞愧、愤怒、怨恨等组成的情绪体验。忌妒心萌生的范围大多在地位相似、年龄相仿、经历相近的人们之间。

虽然说忌妒是正常的、普遍的心理体验，但是，如果忌妒心理过于严重，那么势必让孩子的思想变得狭隘、不爱帮助别人等，这对孩子良好品格的形成将大有害处。

所以，父母们需要在认识忌妒这一普遍性心理的同时，更要提防孩子忌妒过头。正确的做法是，家长要引导孩子认识忌妒的不利影响，并想办法让发挥忌妒的正面作用。

事实上，孩子之所以忌妒别人，其根源在于他对自己缺乏信心，认为自己比别人差。因此，要医治孩子的这一心理，父母就要给孩子足够的爱。当孩子取得进步时，父母要及时予以肯定，让孩子有成就感和幸福感。这样，孩子就不容易被别人的好运所打动，反而用更多的时间来充实自己，发挥自己的优势；同时，孩子还会因为父母的爱和鼓励而变得宽容、变得大度。

1. 父母多加引导，让孩子认识忌妒的负面影响

孩子对于情绪的掌控和认识能力都比较有限，这时候就急需父母的帮助。当发现孩子忌妒心过强的时候，父母应该引导孩子认识忌妒这种负面情绪的危害。

具体来说，父母们可以通过平时的交流告诉孩子，或者通过写纸条的方式让孩子知道。比如，我们可以这样写：别人的进步是别人努力的结果，人家不会因为你的忌妒而失去进取心，反而会变得更加优秀，要知道，你是无法阻止别人进步的，你能做的，只是欣赏人家的进步，并向人家学习。或者告诉孩子，谁都不喜欢忌妒心太强的人，当你忌妒一个人，那么他就自然会远离你。如果你经常忌妒别人，那么就会有很多人远离你。这样你就不能在和别人的共同学习和交流中得到帮助，取得进步。

2. 让孩子认识到别人优点背后的努力

每个人形成自己的优势的背后都需要付出艰辛的努力，作为父母，教孩子不仅要看到他人的优点，还要看到他人为此付出的努力。这样，孩子才能真正尊重他人，并心悦诚服地学习他人的优点。

3. 家长要先戒除比较心理

每个孩子都有自己的特点，对不同的孩子做同样的对比，显然是不公道的。既然忌妒来自不如别人的感伤，那么对比中的不当只能点燃孩子心中的妒火。所以家长应该要引导孩子多看自己的优点，以此增强孩子的自信心，带孩子走出忌妒的困局。

4. 让孩子看到成功后的努力

孩子忌妒的是其他人的成功，家长应该利用这个机会，激发孩子奋进。

比如引导孩子看到其他人背后的努力，以此激励孩子。另外，家长也应该教导孩子广交朋友，这样孩子在友谊之光当中会逐渐受影响，将忌妒转换成一种前进的动力。

5. 帮助孩子克服弱点

有时孩子之所以会有强烈的妒忌心理，是因为自己与他人相比存在一些缺陷和不足，因为孩子还不能理智地对待这样的落差，所以会产生严重的忌妒心理。家长应该多观察孩子，在发现孩子的忌妒心之后分析原因。如果是因为孩子的某些不足，家长就要给予引导，让孩子学会以长处弥补不足。

比如，有的孩子看到别的孩子歌唱得好，就会忌妒人家有一副好嗓子。我们就可以适当地让孩子练习发声，或者学习音乐方面的知识，同时告诉孩子："别人唱得好，可能是先天嗓音好。你的嗓音虽然没那么好，但是只要尽力了，就是很棒的孩子。"这样一来，就会在一定程度上帮助孩子舒缓忌妒的情绪。

不要攀比，安心做自己

晓梦是小学二年级的女孩。她的妈妈是从今年明显感受到女儿的攀比心理的。一天早晨，妈妈准备送晓梦上学，结果一直很喜欢上学的她吵闹着不去学校。妈妈很奇怪地问她，她哭着说："人家苗苗穿得那么漂亮，我的衣服太难看了，人家会笑话我！"无奈的妈妈只好答应买新衣服给她。

过了几天，晓梦又不愿意去学校了。经过家长仔细询问，原来是另一个小朋友买了一双很好的鞋子，自己却没有。为了让女儿乖乖地去学校，妈妈只好又顺从了晓梦。

后来，妈妈才意识到，因为晓梦所上的学校周围都是一些高档小区，这些居民的孩子也大都在该校读书，所以晓梦受他们的影响也爱比这比那的了。

认识到这个问题后，妈妈开始了对晓梦的教导，她说："我们上学是为了学习知识，如果能够把书念好，学到知识，那才是最棒的。一个孩子即便穿得再高档，吃得再高级，学不到知识也白搭……再者说，没有哪个人处处都比别人好，都比别人强，只要尽自己的努力，问心无愧就好。"

起初，晓梦对妈妈的话置若罔闻，她觉得是妈妈不想满足自己或者没有能力满足自己才这样说的。后来，又经过妈妈几次三番的教导，晓梦慢慢意识到了自己的问题所在，爱攀比的习性也有了很大改观，从比吃穿用度转移到比学习上来了，晓梦的成绩因此也有了很大的进步。

所谓攀比心理，就是刻意地将自己的能力、智力、生活条件等方面与别人进行比较，并总是希望超越别人的一种心态。攀比是现在普遍存在于孩子们之间的一种现象，比如，比吃穿、比学习用品，甚至有的孩子还比起了父母的工作和社会地位等，这种现象让很多父母都感到不知所措。

也许你自己家里也有像晓梦这样的孩子，喜欢和同学攀比这攀比那。除了环境的因素之外，导致孩子爱攀比主要是因为家长教育不当所致。

由于现代的物质水平也有了大幅度提高，父母总怕孩子受委屈，于是对孩子总是有求必应。自己孩子穿的、戴的都不能比别人差，别人的孩子买什么，咱家的孩子也得买，决不能让人家比下去。因此，这种溺爱纵容了孩子的攀比心。

此外，父母平时的表现也是重要因素。比如，有的父母爱和别人拼消费，喜欢显摆，那么孩子自然会效仿。

孩子一旦喜欢与人攀比，那么自然而然就会形成一种不平衡心理：凭什么别人有我没有，别人有的我也一定要有，甚至还要更多、更好！在这种心理驱使下，孩子就会把攀比对象当作"假想敌"来看待，处处看人家不顺眼，时时想把人家比下去。如果达不到目的，那么就会被自卑感占据内心。不管是哪种情况，对于孩子本身良好性格的形成和与他人的和谐交往都是极为不利的。

因此，父母应该及时引导，让孩子知道，良好的生活条件要靠自己创造，父母的成就并不是孩子的荣誉。家长应把他们的竞争注意力从家庭条件引向个人能力和学习成绩，从而使攀比演化成校园内的良性竞争。我们可以从以下几方面入手。

1. 让孩子知道，父母挣钱不容易

很多孩子会觉得钱就是"银行卡里吐出来的"，随便花就行。这样势必导致孩子不理解父母挣钱的辛苦。因此，父母要让孩子从小就了解任何东西都是父母通过辛苦劳动换来的，那么孩子就会理解和体谅父母，不会因为虚荣心而和身边的人盲目地攀比。

2. 帮孩子把注意力引到学习上来

其实，孩子有攀比心理，说明在其内心有一种竞争的意识，他想要达到与别人同样的水平，甚至要超越别人。在这个时候，家长可以抓住孩子的这种上进心，改变孩子比吃穿、比消费的思想，引导孩子在学习、才能、毅力等方面进行比较，把孩子的攀比心转移到学习上来。

3. 告诉孩子，和别人比自己有而他人没有的

很多时候，孩子们比来比去的根本目的，其实就是为了证明自己比别人强。所以家长们可以增加孩子的自信，告诉孩子："每个人都有自己的优点，都有比别人强的东西，所以你不用处处都和别人一样，你有很多比别人强的地方。"

通过这种方式，可以让孩子知道，很多东西是没办法用一个标准去衡量的，别人拥有的你没有，同样你拥有的也可能是别人所没有的。

4. 父母以身作则，绝不放纵孩子

有些时候，孩子爱攀比的习惯是受家长价值取向影响的。有很多家长愿意为孩子花钱，无论是在生活方面还是在学习上，全都想给孩子最好的。甚至有些父母还会郑重其事地告诉孩子："爸爸、妈妈给你的都是最好的，除了你，别人都没有。"或者"这些东西都是很贵的，妈妈因为爱你才会买给你"。这样一来，很容易造成孩子价值观的偏差，使孩子产生一种攀比的心理。

5. 父母要保持平常心

想要杜绝攀比心理，父母就不要想着"比"，用一颗平常心来对待孩子暂时的不足，对孩子多一些鼓励、多一些赏识。这样，孩子的进步反而会更加明显。

甜甜这次期中考试得了第九名，没有达到妈妈的预期目标。不过，妈妈并没有批评她，只是让她看了看前八名同学的成绩。谁知，甜甜一下子生气了："你就知道把我和别人比，我就不如他们，你看谁好就让谁来当你女儿吧！"妈妈意识到自己的这种做法可能起了反作用。从那以后，妈妈再没拿别人和甜甜比较。甜甜也争气，成绩很快提高到前三名。

父母应该客观地看待孩子的成长过程，停止对孩子的比较，关注孩子的每一个细微的进步，多发现孩子的优点，这样会让孩子更自信，亲子关系也会更融洽，更有利于孩子的健康发展。让孩子明白，只要他尽力了，他就是父母心中的好孩子。

6. 看到孩子的进步

父母应该学会全面看问题，不仅要横向地看孩子和别人的差距，更要纵向地看孩子比从前取得了哪些进步。家长不能用学习上的进步来牺牲孩子的成长，盲目攀比的结果是孩子的个性消失，甚至是个性的扭曲。更加可怕的是，家长的攀比会渐渐让孩子也养成爱攀比的坏习惯。

让孩子学会竞争固然重要，但是还是少拿其他孩子与自己的孩子比较吧！这样做，既能保护孩子的自尊心，又可以让你的家教轻松许多。父母要明白，每个孩子的性格和特点都是不同的，这种差异未必就是差距。只要孩子付出了努力，父母就不要对孩子过于挑剔，这样的教育就是成功的。

Part2 总是在乎输赢，你会不快乐

生活中处处充满了优胜劣汰的竞争，因为争强好胜，赢了就满心欢喜，输了就大哭大闹，这样的孩子不仅活得不快乐，而且很难在社会上立足。为此，父母要教孩子正确地对待输赢，认识到输赢并不重要，重要的是汲取了什么教训、学到了什么，是否还有坚持下去的勇气和毅力，从而使孩子乐观向上，勇敢地面对挫折，最终成为生活的强者。

✦输了成绩，赢了成长

琦琦今年 5 岁，由于受棋迷爷爷和爸爸的影响，从 3 岁多就开始下象棋。可是因为琦琦年龄尚小，自然不是爸爸的对手。

不过，为了逗孩子开心，有时候爸爸会故意"放水"。但更多的时候，爸爸从不迁就琦琦。每当这时，琦琦就好像受了天大的委屈一般，大哭不止。

看到琦琦这个样子，爸爸说："你现在才 5 岁，还是一个小孩子，能和大人下象棋，并且能下到这个程度，已经算是很厉害了。每当和你下棋时，看到你专心致志的样子，我都感到骄傲呢！如果仅仅为了你高兴，我会假装

输给你，可是那有什么意义呢？"

看到琦琦认认真真地听着自己说话，爸爸接着说道："现在你自己来选择，是要爸爸假装输给你，还是你一直和我挑战，想办法将来赢过我呢？"

经过爸爸的一番鼓励和引导，琦琦毫不犹豫地选择了后者，流露出一个小小男子汉的气概。对此，琦琦的爸爸欣慰不已，庆幸没有向孩子"妥协"，没有假装再输给他。

不得不说，琦琦爸爸那"输得起"的理论，是很值得父母学习和借鉴的。在现实生活中，当孩子遭遇挫败时，有不少父母表现得心疼不已，他们要么为孩子的挫败寻找理由，要么尽力帮孩子弥补或过分地哄骗，并小心呵护避免孩子再次遭受失败。殊不知，这样做的后果不但无法让孩子了解到真正成功的意义与失败的价值，而且也不能帮助孩子学习面对失败及成功，而这些却是人生当中非常重要的功课。

所有父母都应当明白，每个孩子都是稚嫩的树苗，不经历风雨的洗礼是难以长成参天大树的。从这个角度来说，挫折就是孩子学习和成长的最好课堂。不遭遇挫折，孩子就无法认识到现实的世界和真正的生活；不经历挫折，孩子就无法学会镇定、坚强地面对困难；不战胜挫折，孩子就无法认识到自己的主观能动性，无法给自己下一个肯定性的评价，也就无法养成坚韧不拔的意志，一步步走向独立。

道理我们已经明白，那么接下来，我们就应该通过实际行动将"输得起"的心态注入孩子的体内。

1. 父母要从自身做起，端正态度

很多父母往往有这样一种错误行为：喜欢让孩子在别人面前展示"才

艺"，并以此作为自己的"门面"。如果孩子表现得好，就夸孩子聪明、能干；如果表现得不好，就指责和埋怨孩子笨。毋庸置疑，这种教育方式是非常不可取的，因为这样做很容易让孩子走向两个极端，要么争强好胜，一定要赢；要么失败了就爬不起来，甘愿就此沉沦。

莹莹对于挫折总是缺乏勇气去面对，在她眼里，赢就是赢，输就是输，如果输了，那么就没有任何转圜的余地。之所以她会有这种看法，完全来自于她的父母。莹莹的爸爸、妈妈非常看重莹莹的成绩，每次只要莹莹没有得到好成绩，她的父母就会不遗余力地批评她，使得莹莹对输赢的看法形成了习惯，在她的眼里没有成长，只有竞技和输赢。

身为孩子的启蒙教师，想让孩子"输得起"，父母就必须先平衡自己的心态，正确看待孩子的输赢得失。当孩子在学习或者游戏中遭遇失败情感受挫时，父母应该教育他克服沮丧和悲观的思想，然后帮助孩子分析失败的原因，使孩子以积极的心态来面对暂时的挫败。即使他很优秀、很受瞩目，我们也不要一味地称赞，而是应当让他戒骄戒躁，以免走上自负的道路。

2. 提高孩子的挫折承受力

遭遇挫折，这是每个人生活中必不可少的环节。然而，有的父母为了让孩子尽快恢复到快乐积极的状态中来，会刻意地帮孩子排除一些正常环境中遇到的困难，一发现孩子受挫，就伸出手来帮忙。这样做，实际上是剥夺了孩子自己面对失利的空间的机会。

举例来说，孩子在用积木搭一座高楼大厦，可是就在快要大功告成的时候，"楼"塌了，这时孩子自然会流露出失望的表情。尽管如此，父母也不要直接帮助孩子解决，而应该可以和他一起讨论，引导孩子去思考，然后让他自己去执行解决的办法。这样，他就不会在失落的情绪中不可自拔。

事实上，孩子克服挫折的能力和动机，正是来自于遭遇过的挫折。当他们拥有足够的应对经验时，就不会对挫折感到恐惧，就不会因为挫折就一蹶不振。

3. 让孩子多参加一些集体活动

孩子在和同学、朋友一起玩的过程中，往往会经历一些挫折和失败。这个时候，父母不要大惊小怪，或是一味地训斥或者安慰。因为集体活动就是如此，不可能人人都会完美。而通过对自己和他人的审视，孩子就会更好地认识自己，看到自己的缺点和别人的长处，意识到"天外有天"的道理。这样一来，他自然能够"输得起"，因为他知道自己还有进步的空间，下一次一定会做得更好！

总而言之，家庭教育要用一个长远的眼光去衡量。美国有一句谚语："爱孩子是老母鸡都会做的事情。"我们不能因为自己自私的爱，导致孩子不敢接受挫折。家长让孩子直面挫折，让他体验和克服困难，建立积极进取的自信心，这才是家庭教育的精髓。所以，对孩子"狠下心"来吧，让他敢于面对挫折，这才是真正地爱孩子、教育孩子。

✦请"慢养"你的孩子

依然是个风风火火的女孩子，她从小接受的教育就是要雷厉风行。依然做事非常果断，但有时又有些武断。她追求完美，因为她的父母要求她要完美，所以无论如何她都必须达到父母所要求的标准才行。

但是，这样的依然并没有达成她父母的期望。她并不完美，因为缺乏耐性，做事总是虎头蛇尾。比如说养花，班级里面养花，别的同学都精心照顾，只有依然，轮到她的时候总是给花浇很多水，这样第二天她就不用浇水了。因为这样，在依然照顾花草的时候，有些喜旱的植物因为一次浇了太多的水而死掉了，而且那些花盆当中酿出的小芽也被依然当作杂草除掉了。

俗话说："欲速则不达。"在教育孩子方面也不例外。如果家长们急于取得教育成果，那么最终结果很可能和初衷相悖，致使孩子心灵受到伤害，难以健康发展。

近年来，家庭教育界有人提出来"慢养"的概念。也就是说，希望孩子成才、成功的父母需要具备这样一种心态：凡事不能操之过急，要懂得等待。

或许很多家长听了这样的观点会立即反驳：时间就是效率，时间就是孩子的未来呀！怎么能等待呢？

父母们不要误会，我们这里所说的等待并不是让孩子坐等天上掉馅饼，而是希望家长们能从自身做起，不要太过着急。因为当今社会，已经有很多孩子为"尽快"成长而付出了惨重的代价。

其实，每个孩子都是一朵含苞待放的花，不要总是纠结于它什么时候开花，要知道每种花都有不同的花期，所以家长也不该着急，否则真是揠苗助长。

孩子的成长需要过程，不要激进，慢一些，稳一些吧。

1. 耐下心来，等待孩子成长

有的家长迫不及待地希望孩子掌握所谓有用的一切知识，不是去教导孩子如何思考，而是希望孩子记住所有问题的现成、可靠的答案；不是让孩子去大胆尝试，感受成功和失败，而是处处提防着孩子"越界"。显然，这些做法都是和慢养相悖的。所以，家长们一定不要想着孩子在将来才能够达到的水平现在就能实现，正确的做法是，耐下心来，等待孩子成长。

2. 遵循孩子的成长规律，切勿揠苗助长

"揠苗助长"的故事家长们都熟知。而明明知道这样做是一种错误的方式，可还是有不少家长"知错不改"。比如，有的妈妈选择超出孩子在该年龄阶段的认知范围来学习各项技艺。

实际上，这种过早开发孩子潜能的教育风气，到头来很可能是做了负功。比如，你希望孩子具有绘画才能，于是在孩子很小的时候就把他送到专业老师那里学习，结果如何呢？不用问，很可能就是孩子画什么像什么，但是同时也导致孩子丧失了想象力和创造力。

既然这样，妈妈们何不让孩子敞开心灵，自由地涂鸦，自由地想象呢？

3. 为孩子创造轻松愉快的成长环境

孩子的天性实际上就是玩。通过玩，他们就能从对事物产生的感性认识

中学习。因此，妈妈们对孩子的教育一定要松紧有度，不能不顾孩子身心发育的特点，过于严格地管制孩子，强行给孩子灌输知识。正确的做法是给孩子创造一个轻松愉快的氛围，才会更有利于他们的健康成长。

李文的成长非常快乐，他的妈妈从来没有逼迫他去完成什么。在自由而宽松的环境当中，李文也学会了很多东西。因为他的家长总是在玩的时候将那些知识渗透给他，而不是让他在很短的时间当中背下来。就这样，李文渐渐成长，知识积累也非常丰富，而他也很快乐。

4. "高压"下的孩子会很累，不要给孩子太多压力

我们都知道，要想让食物快一点熟，我们可以通过加压来实现。高压锅就是采用的这个原理。现在很多家长对孩子的教育也与此相似。我们看到，很多妈妈倾注了自己大部分精力、物力、财力在孩子身上，希望孩子快点成名成家。

可是诸位家长可否想过，正是这种高投入产生的高要求，让你少了耐心和平常心，希望自己的投入很快就立竿见影，一旦发现孩子达不到自己的要求，就会苛刻和责难。这样一来，孩子的自信心就会每况愈下，甚至破罐子破摔，再也打不起精神。

❀坦然面对失败，才是真正的强者

阿迈参加演讲比赛，但没能进入决赛，他一回到家就哭起来："我失败了，我真没用。"

"不"，爸爸开导道，"这并不能代表什么，要我说，这正激励你的成功呢。"

阿迈不解地说："为什么？"

"失败是成功之母。"爸爸回答道。

"这句话我听说过，但这有科学依据吗？"阿迈继续问道。

"一个失败了的人，如果能够汲取经验，继续努力的话，你说是不是成功的胜算更大？！相反地，如果你失去了再战斗的勇气，那就是真的失败了！"爸爸意味深长地说道。

海明威的名著《老人与海》里面有这样一句话："人可以被毁灭，但是不能被击败。"作为家长，正确地对待孩子的失败是非常重要的。

1. 父母应该有"失败即教育"的意识

做父母的，往往是望子成龙、望女成凤，一门心思扑在孩子身上，天天在孩子耳边念叨："成绩要好呀，要努力呀，不能掉队呀。"一到考试的时候，更是比孩子还着急，不厌其烦地嘱咐孩子一定要考好，不许失败。

父母这样的心情可以理解，但却对孩子真的有害无益。没有谁能事事成功的，也不是任何事一次就能做好的。孩子只是孩子，他没有生活的阅历与经验，他还处在人生中最初摸索的阶段。他有权利失败。

父母不要给孩子灌输负面的思想，否则孩子会在失败中绝望。成长过程当中遭遇失败是非常正常的事情，家长要培养的是孩子如何在失败后奋起。这是一个长期工作，只有孩子意识到失败不可怕，才能渐渐直面失败，养成不惧失败、努力奋起的好习惯。

2. 告诉孩子：失败了没关系

生活中，父母常为孩子的错误和失败担心、着急，害怕孩子下次再犯，有时就忍不住地警告孩子："你到底要这样失败多少次？"可是父母是否认真想过，给孩子"不许失败"的压力，孩子的心理负担会更重，情绪也会一直处于紧张状态，不但不能够从失败的状态中走出来，甚至会更糟。

王东时常会在关键时刻"掉链子"。其实王东很聪明，但总是在关键时刻发挥失常。这是因为他的父母每次都在考试前给他巨大的压力，让王东很惧怕失败，神经紧绷，但结果往往是怕什么来什么。因为屡次失败，这让王东对自己失去了信心。

孩子考试或比赛之前，家长不要催着孩子去学习，可以允许他们适当地看看电视，与别的孩子玩耍。家长也可以带孩子出去呼吸一下新鲜空气，与孩子聊聊天，表现出对考试成绩或比赛结果不在乎的态度。尽量让他们脱离紧张的气氛，调整好状态。父母的这种态度会让孩子心里轻松起来，并大受鼓舞。孩子的压力释放掉了，真正的水平才能发挥出来。其实很多时候，孩子失败，也跟父母施加了太大压力有关。

3. 孩子失败时，先表扬后提醒

以常人的心理来看，失败了，都会感到沮丧、难过，并且自责、后悔，这个时候是他们最伤心的时候，也是最脆弱的时候。小孩子也是一样，甚至他们内心还多了一层恐惧——怕被爸爸、妈妈数落。这个时候他的内心是敏感的，需要安慰、理解和鼓励。有的小孩子天生自尊心强，如果失败后得到的只是一顿责骂，在他心里就会留下阴影。

孩子做一件事失败了，他并不一定就能对失败有正确的认识，只是担心害怕，没有去想自己失败的原因。那么父母就应该是引导者，首先肯定他的努力，然后再提醒他做得不够的地方。

4. 教孩子理智地面对失败

如果家长教会孩子对失败有了正确的认识，而且对失败采取了正确的态度，那么，他就不会被失败所打倒，屡经失败而不悔的坚强毅力也就自然产生了。那么，应该怎样教会孩子面对失败呢？

家长可以从几个地方加强注意，首先就是不要给孩子挂上"失败者"的标识牌，这会让孩子对自己的认知出现偏差，变得不自信，甚至是自卑。其次也不要总是说失败，这样会让孩子感受到巨大的压力。最重要的是，家长应该帮孩子计划好，在成功的路上将面临什么，怎样避免失败才是最重要的，毕竟没有人愿意尝试失败。

第七章　成长观：
让孩子像野花一样成长
Chapter 07

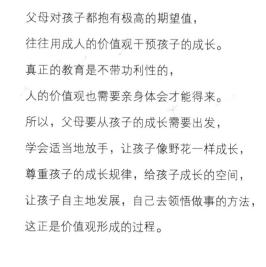

父母对孩子都抱有极高的期望值，

往往用成人的价值观干预孩子的成长。

真正的教育是不带功利性的，

人的价值观也需要亲身体会才能得来。

所以，父母要从孩子的成长需要出发，

学会适当地放手，让孩子像野花一样成长，

尊重孩子的成长规律，给孩子成长的空间，

让孩子自主地发展，自己去领悟做事的方法，

这正是价值观形成的过程。

Part1 爱和自由，是父母最好的礼物

面对孩子，我们唯一能做的就是给他们一个爱和自由的环境，让创优产按照自己的意志去成长，陪伴他们建立起属于自己的、坚定不移的价值观。而且这能够赋予孩子自由、愉悦、受到尊重的感受，也是父母给予孩子最好的礼物。

❧ 劳逸结合，该玩则玩，该学则学

林尧每天上课都哈欠连天，注意力涣散。老师讲课的时候，他经常听着听着就睡着了。有一次，林尧上课睡觉的问题被班主任发现了，被叫到办公室问话。班主任询问原因后才知道，原来林尧的妈妈希望林尧学习成绩有所提升，给他报了培训班，每天晚上都去学习，基本上没有多余的时间，晚上都是10点以后才睡觉，上课才会打瞌睡。

听了这些之后，班主任让林尧回去好好上课，并且给林尧的妈妈打了一通电话，告诉林尧妈妈："这种做法是不对的。虽然每个家长都希望自己的孩子成绩能够提升，但是这种强迫性的学习，不仅让孩子很辛苦，上课也无法完全集中注意力，学习成绩也不会提高。"

通过和老师的沟通，林尧妈妈终于同意了老师的建议，取消培训班的学习，让林尧能够跟其他同学一样，正常安排作息，劳逸结合。当然，在双方的共同努力下，林尧的成绩也有了起色，注意力也提升了很多，整个学习状态也比以前好了。

俗话说"一张一弛，文武之道"，对于孩子来说，劳逸结合的方法同样意义重大。只有在学习上做到劳逸结合，才能满足孩子的生理发育和心理发展规律，才能让孩子较长时间地保持对于学习的主动性和专注性。

可是，很多家长没有这样的意识，以为只要让孩子延长学习时间，就能学到更多的知识，殊不知，这样非但不会让孩子学到更多，反而会使孩子注意力涣散，从而降低学习效率。

如果让孩子一门心思扎到书堆里，不分白天黑夜地学习，读死书，那么，他们的脑细胞就会开始反抗了，停止运动了，心情也会变得更加紧张和压抑，自然就会头昏脑涨，注意力涣散，反应迟钝，学习效果也不会好。即便是孩子感兴趣的课程，因为身体的劳累，也会失去本该有的兴趣，原有的乐趣也就没了。

所以，我们要让孩子学习一段时间，运动一段时间，有张有弛，这样就能让他保持一种健康的、积极向上的精神状态，心情好了，学习起来也会更专注、更有动力，效率也会高出很多。如果孩子能够养成张弛有度的习惯，那么孩子就能持久地保持对学习的积极性。

1. 学习计划的安排要张弛有度

学习计划是学习过程中十分重要的环节。有些孩子没有安排学习计划的习惯，在学习时摸不到头脑，常常由于晚上很难完成作业而做不到劳逸结合，甚至对所学内容产生厌烦心理，注意力集中也就无从谈起了。这时，家长就要帮助孩子安排一个正确有效的学习计划，为他更好地学习做出规划。

父母在帮助孩子制订作息时间和学习计划的时候，不仅要随时观察孩子的反应，尽量征求孩子的意见，而且一定要将每天具体的作息时间和较长时间内应达到的目标分清楚，注意长短计划相结合。在制定学习计划的时候，一定要注意张弛有度、适合孩子的实际情况，只有这样，才能有助于孩子形成科学而专注的学习和生活规律。

2. 合适的时间做合适的事情

对于孩子而言，休息、体育运动、做家务等都是一种调剂方式，从合理安排时间的角度而言，不能够算浪费时间。但是，如果将一整个早上的时间全部安排在做家务、睡觉、打球等事情上，中午和下午才开始学习，那只能说这是在浪费生命。

一天的黄金学习时间就是上午，在这个时间段将重点放在学习上，而下午的时间则可以适当安排和同学、朋友一起体育运动，在家帮助家长做家务，晚上则可以早点休息，这才是正确的时间安排法。

3. 安排一些放松活动

在孩子精神状态不好的时候，家长一定要及时注意到，这个时候让孩子适度放松一下，可以保证有更好的精力面对接下来的学习生活。

小香性格活泼开朗，学习对于她来说也从来不是什么负担，因为她的妈妈从来没有强迫她长时间学习过。每当她学习累了状态不佳的时候，她的妈妈不是批评她，而是让她跳跳绳，或者发会儿呆，看似简单，但在短暂地休息过后，小香的状态就好了很多。现在她已经养成了一种习惯，不用妈妈管，累了的时候就短暂地休息一下，过后就继续学习。而且小香发现累了的时候歇息一下状态也会变好，她学习时总是精力充沛。

以上的方法对孩子都很适用，歇息一下，大脑的血流量会增多。另外，家长也可以教孩子自己按摩一下颈椎等，或者做眼保健操，都有利于状态的恢复。

4. 交流不可少

孩子的成长只凭家长的观察并不能完全掌握，对于家长而言，有时只能看到孩子的表现，至于孩子心中在想什么，了解得并不是太多。因此，想要知道孩子能力的水平，真正了解孩子，家长就要多和孩子交流。

通过交流，家长可以减少与孩子之间的隔阂，能够更好地为孩子安排适当的计划。而且，在和孩子交流的过程当中，家长也能第一时间鼓励孩子，让孩子积极面对接下来的学习任务。

❧ 顺应孩子天性，绝不强迫

雨轩从小就表现出了极高的数学天赋，不到两岁就能从 1 数到 100，而且能够做对 1 到 10 以内的加法，3 岁的时候已经会做简单的乘法运算了。

在周围人眼里，雨轩是个非常聪明的孩子，甚至有人把他称为"数学小神童"。雨轩的父母见儿子这么有出息，也非常欣慰，他们希望雨轩长大了能成为一个数学家。

在这一"目标"的激励下，小小年纪的雨轩经常在妈妈的带领下上各种各样的数学班。而雨轩也不负众望，在一场又一场的数学比赛中获得了一个又一个奖项。

可是，让所有人出乎预料的是，12岁那年，雨轩开始厌烦起数学兴趣班来，而把注意力都转移到了足球上。于是，雨轩经常趁妈妈不注意的时候和同学去踢足球，因为在踢足球的时候他感到很放松、很快乐。

雨轩的做法怎么能瞒过妈妈的眼睛。妈妈很快就发现了这一情况，她对雨轩提出了严重的警告："以后不许踢足球！"

不久后，雨轩又要参加一场全国性的数学竞赛。如果雨轩这次能取得好成绩，有可能被某所大学破格录取。在雨轩的妈妈看来，这是孩子成长过程中具有里程碑意义的一次考试。所以，她要求雨轩一定要全身心地投入复习。

雨轩虽然不喜欢数学，但他为了不被妈妈唠叨，只得每天乖乖回来看书。虽然如此，雨轩的心思并没有全部集中在数学题上，他总会想着此时小伙伴们踢足球的情景。

最终的考试结果也就可想而知了，雨轩在这次大赛中的成绩远远低于妈妈对他的要求。

在各种节日中，时不时会有"学识渊博"的孩子们的专访活动，甚至他们还会被邀请表演某些特殊的本领。比如短时间内记住上百个数字中的某几个数字的所在位置，或者用心算的方法算出四位数的乘法。

当看到这些神童的精彩表现，很多家长开始"不淡定"了：人家孩子能这么厉害，自己的孩子为什么就不行呢？应该是下的功夫不到吧？好，那就想办法，决不能让孩子比别人差。

我们不否认，在这个世界上有神童存在，但是神童毕竟是极少数，而且神童也不是靠上各种补习班、强化班恶补出来的。大多的孩子都是普通人，是一步一个脚印、按部就班成长起来的。

家长们有必要知道，这样的过程不仅仅是简单进行学习的过程，更是让孩子培养人格道德、学习与人交往等多种能力的过程。这样的教育模式更符合孩子的心理成长规律，可以培养孩子心理的承受能力。

如果你是一个明智的家长，就应该以此为鉴，不要再让那些所谓的"神童梦"耽误了孩子的宝贵童年！

1. 认真而客观地对待自己的孩子，不随大流

做个有主见的父母对孩子来讲是十分重要的。现在社会上物品种类繁多，父母要做到根据孩子的自身情况和家庭条件等因素，帮孩子选择最适合他的东西。

塔塔对自己的爸爸、妈妈有了一丝抵触，因为他总被自己的同学嘲笑。要说为什么，塔塔穿的衣服就像童装模特一样。他穿着小西服上学，这都是因为他妈妈觉得这样比较顺应"潮流"。在大家都打篮球的时候从来都不带塔塔玩，这让塔塔非常恼火，却也无可奈何。

适合孩子的才是最重要的，家长应该全方位地筛选出适合孩子的东西，衣食住行都包括在内。比如说食物，一定要以健康为主。另外，在孩子的爱好上，也要多尊重孩子的想法，对孩子的要求也不能超过孩子的能力范围。最重要的是，家长不能人云亦云，没有主见，跟风并不利于孩子的未来发展。

2. 让孩子做他自己

在孩子的世界里，不管是言语还是行事，都有一套属于他们自己的模式，必要的规矩要有，但家长不要以大众的标准、要求去束缚孩子。为了保证孩子拥有轻松的心理，父母应尽己所能为孩子创造一个真正充满爱的环境，让孩子真正做一个孩子，而不是承担超出年龄负荷的心理压力。

3. 激发孩子树立起为实现自我而奋斗的理想

苏联伟大的作家和教育家高尔基曾说："一个人追求的目标越高，他的能力发展就越快，对社会就越有益。"理想是孩子学习的重要动机和目的，只有树立了远大目标，有理想、有抱负，他的心态才会积极，学习也会拥有动力。

落落从来没有什么远大目标，她的父母从没有想过逼迫落落做什么。女儿说喜欢，他们就顺应孩子的想法；女儿不喜欢了，他们也不批评。他们原以为给孩子多一些自由是好的，但是他们一直没有发现孩子的闪光点在哪里，和落落同龄的女孩，很多都已经有了自己的特长。

孩子有时并非没有闪光点，而是家长太过纵容孩子了，让孩子顺应天性发展不代表家长可以一味地纵容。毕竟孩子还小，需要家长的引导。家长们可以适时适当地激发孩子树立志向，比如将来要成为什么人，做什么工作，实现什么理想，然后将他的前途命运同自身命运乃至家庭、国家的命运相互联系，鼓励并支持他向着目标勇敢前行，他就能够在积极乐观的良好心态支配下，坚定不移地走下去，从而取得成功。

自己的事情自己做

　　蕾蕾和雷雷是一对龙凤胎姐弟，他们已经 11 岁了，但是很多事情都由他们的妈妈代劳。他们的妈妈觉得两姐弟的父亲在外地工作，只有全心全意才能照顾好两个孩子。虽然他们的妈妈为了照料这两个孩子费尽了心思，但是姐弟俩丝毫不领情，他们总是觉得妈妈很烦，凡事都要安排。

　　随着姐弟俩年龄的增长，他们越来越叛逆，不听话，和妈妈之间的矛盾更是有所升级。每次他们的妈妈都感到非常伤心，向他们控诉："我辛辛苦苦照顾你们两个，你们竟然还这样气我。"每当这时姐弟俩也会毫不客气地回嘴："谁要你那样照顾了，什么都要管，烦不烦？我们都这么大了，上学还要接送，还要送到班级门口，你知不知道同学们是怎么看我俩的呀？我们都快丢死人了。"

　　妈妈听后非常生气，她转念一想，这两姐弟觉得自己不重要，那么自己干脆遂了他们的心意，看他们以后还敢不敢气自己。主意打定之后，妈妈留了一张字条离开了。纸条上大致写着姥姥身体不好，要去照顾，等等。

　　两姐弟第一天狂玩了一天，到饿了的时候就去奶奶家吃了一顿饭，晚上回来后已经很晚了。两姐弟定好了闹钟就去睡觉了。第二天他们醒来以后觉得房间非常乱，不过他们还是先去上学。等放学回来后，姐姐煮速冻水饺，弟弟收拾屋子。吃晚饭之后姐弟俩就一起写作业。

一周过去了，妈妈回来后大吃一惊，发现姐弟俩的生活非常有规律。这时她才意识到，原来孩子早就长大了。

孩子的成长是很惊人的，有时你会发现孩子的成长似乎是瞬间的事情。很多家长都不放心自己的孩子独自去做什么事情，什么都要过问、都要管，虽然看来是对孩子的关心，但事实上是剥夺了孩子成长的权利。时间久了，孩子会产生依赖，习惯性的依赖会让孩子不自信。

自信是一个人非常重要的品质，也是一种人格魅力。如果仔细观察就会发现，成功人士通常都是很自信的人，每个家长都希望自己的孩子未来能够作为一个成功人士，因此培养孩子的自信就成为了非常重要的一个方面。

"怎样让孩子自信起来呢?"或许很多家长都有这样的疑问，其实很简单，你要相信他，孩子才会相信自己。

1. 放开孩子的手，让他去实践

有的父母对孩子的一切事必躬亲，时间久了只能让孩子越来越依赖你。他会产生一种"我不行"的想法，遇事首先想到的不是如何解决，而是找父母。这样孩子的自信无从谈起，家长应该大胆一些，让孩子自己去做一些事情，去实践。通过实践，孩子能够积累经验，也能积累自信。

小迪是个腼腆的男孩子，他都已经升入小学四年级了，但还是没什么自信，做什么都要围着爸爸、妈妈转。虽然妈妈尽可能地要他自信一些，但是小迪总是做不到。毕竟依赖久了，放下不是那么简单的事情。但是眼看着孩子就要升学了，总这样不行，他妈妈下定了决心，在暑假中给小迪报了夏令营。虽然小迪有些害怕，但是他相信妈妈说的"相信你"。从夏令营回来之后，小迪明显自信了许多，人也独立了许多。

家长的信任实际上就是孩子的定心丸。当然，信任不是靠嘴说的，要真正地做到。很多家长嘴里说着相信孩子，但仍旧不放心，什么都要管。这样孩子也无法真正地相信自己，还是会依赖父母。所以当家长真正地放手时，孩子才会意识到自己已经长大了，可以相信自己了。所以家长不要用怀疑的眼光看孩子，真的相信他，真的放手，大胆一些，孩子才能自信一些。

2. 尊重和鼓励是最真实的认可

对于孩子而言，有时批评就像是一块巨石，将他们抬起的头压了下来。所以，想要提升孩子的自信，那么就要多给予孩子一些鼓励和尊重，这对他们来说是前进的动力，也是提升自信的催化剂。

家长在孩子做事的时候，不要总以自己的思想为导向，要多尊重孩子的选择，并给予鼓励支持，才能让孩子切实地放开手脚去做事。孩子才能逐渐脱离父母，成为一个真正的个体。

✤ 信任孩子，一起订立"君子协定"

昭昭是个挺可爱的孩子，就是有个坏习惯，喜欢说谎，在家跟父母说谎，到了学校骗老师、骗同学。因为他总喜欢恶作剧骗同学，所以他没什么朋友，同学都不太喜欢跟他在一起玩。

刚开始昭昭的爸爸、妈妈并不知道这件事情，但是后来发现之后真是怒火中烧。昭昭的爸爸平时就很严肃，对待昭昭的教育更是不手软，打也打了，骂也骂了，道理都讲光了，但就是不见效果。就算起作用也不过短短几天，他就像撒谎上瘾一般，怎么样都没有用。

昭昭的爸爸感到非常困惑，他觉得自己从来没有撒过谎，为人正直，为什么自己的孩子反倒有这么一个坏毛病呢？难道孩子天生就是这样的，没救了？

眼看着爸爸越来越失望，昭昭不但没有收敛，反而愈演愈烈，干什么都要撒谎。最后，昭昭的爷爷和昭昭进行了一次谈话。

原来，昭昭起初是想和同学一起玩，但是没想到恶作剧起了反效果，更加没人接近他了。为了和大家有点交集，他只能不断地恶作剧。知道这点后，爷爷很严肃地对昭昭说："但是你不能否认，你撒谎了。无论是什么原因，撒谎就是不对的。"

昭昭听后低下了头，感到非常委屈，说道："可是已经成为习惯了啊，我改不掉了，能怎么办呢？"

爷爷听后想了想，对昭昭说："你不是很喜欢摄影吗？这样好了，咱们订立一个协定。就是在一个月的时间里不能说谎，也不能搞恶作剧。如果你做到了，我就买相机给你，还让你爸爸给你报名学摄影。但是，如果你没有做到，那么就要罚你。"

在协定制定之后，昭昭的情况明显有所好转，渐渐地，他不再撒谎了。

现在很多孩子早早地就有了自我意识，有时家长单纯地说教已经不能起到作用了，孩子会有自己的看法、自己的想法。因为这样，所以很多家长都觉得对孩子的教育越来越难。其实，只要家长找到了顺应孩子成长的方法，教育就会变得很简单。

像事例当中说的，制定一个"君子协定"不失为一个良策。

1. 严肃对待"合约"

孩子在成长阶段都会渴望成为一个大人，因此家长在和孩子制定协约的时候也要注意平等，将孩子放在一个平等的位置上来看待，如果你只将它看作哄孩子的方法，那么孩子也不会严肃对待。

最好家长可以像制定合同那样写下书面合约，还要签字，找公证人，写明甲方、乙方，这样孩子会有一种责任感，实行起来也会容易一些。

2. 协约有期限，可以续约

孩子正处于一个变动的年纪当中，对于他来说，新鲜感是非常重要的，如果合约太过死板，那么最终它会失去应有的效力。

王刚是一个活泼好动的孩子，就是有时候总忍不住撒谎，倒不是因为做了什么错事，或是为了掩饰什么，而是一种习惯。他的妈妈觉得反正孩子没做坏事，没什么大不了。但是王刚的爸爸却非常重视，为了改正孩子的坏习惯，还专门和孩子制定了一个"协约"。如果王刚遵守协约，每过一个阶段就送他一个喜欢的车模。但是没过多久王刚转而喜欢上了变形金刚，车模对他已经失去了吸引力，逐渐地协约也成了一张废纸，王刚旧病重犯了。

善变是成长中孩子的共性，家长也要懂得及时变通。一个长期的协约施行起来很困难，不如来个短期的合约，到期后再续约，这样效力更强一些，也便于孩子的坚持。时间久了，孩子的心中就会习惯性地去遵守一个"协约"，自然就不会说谎了。

3. 奖惩分明，没有例外

对于孩子来说，虽然有约定，但彻底地遵守还是有一定难度的，所以家长应该在协约当中明确奖励和惩罚，光有奖励是没有用的，一定要奖惩分明才可以。而且最重要的一点就是这个协约的正式性，无论什么样的特殊情况，都不能打破合约的规范，这样合约才能有应有的效用。

4. 合约是双向的

对于孩子来说，最具吸引力的其实并不是执行约定后的奖励，有一种合约方法更让他开心，这就是你陪他一起做一件事。例如，他要改掉写字粗心的毛病，而你则要减少抽烟的次数，这样的"合同"，让孩子觉得"公平"，也会让他更认真。

家长千万不要以为小孩子可以糊弄，他会时时刻刻盯着你，甚至会留心翻看你的烟灰缸，确认你烟盒里的香烟数量，害怕被你"欺骗"。想让孩子诚信，家长要做榜样，答应孩子的事，一定要做到。不然他会说："你自己都做不到，怎么能管我?"所以，一旦和孩子定下双向约定，不管多困难，也要保证言而有信，这样才能做孩子的榜样。就像正式合同当中的甲方、乙方那样，要让孩子觉得公平合约才更有效用。

5. 根据实际情况制定，尊重孩子的意见

协约既然是双方的，那么就要收容孩子的意见，作为家长，不能以自己的目的为导向，要达成双方的共识，这个合约才有意义。

❀不妨让孩子去经受磨难

张琦是个非常独立的女孩，她独立的性格让很多人都经常夸赞她，更说她的父母教育有方。实际上，之所以张琦能够这样懂事，她的父母说并不是自己教育得有多么好，而是自己什么都"不管"。当然，他们并不是不关心自己的孩子，而是他们习惯于什么事都让孩子自己想办法。

在张琦走路走不好的时候，也曾经摔跤。一开始她的父母会去扶一把，但是随着孩子的成长，再摔跤哭就不管用了，她的爸爸会告诉她："自己站起来。"稍微长大一点之后，张琦的妈妈还会让张琦收拾自己的衣服和书桌，渐渐地，她的生活可以自理了，而且一切都进行得井井有条。

每天张琦都会将换下的脏衣服扔进洗衣机，等周末的时候她会统一将自己的衣服洗干净、晾起来，等干了再收起来。除了日常生活当中的这些事情之外，她面临事情的时候也不会显得很慌张，也不会第一时间求助父母，而是自己想办法。

有一次学校组织活动，每个人都要交钱。张琦没有和其他同学一样向父母要，而是先将自己手头的零用钱拿了出来，之后又帮报亭的老爷爷打了两天工，最后还差一些，张琦才去找父母补齐。

孩子成长的过程当中肯定会遇到各种各样的问题，等他们长大成人，或许面临的问题更多。每当这个时候，面临问题时的态度以及解决问题的能力就显得尤为关键了。现在很多家长都习惯于保护自己的孩子，当然，这是人的一种本能，无可厚非。但是我们也应该知道，孩子有长大的一天，他们迟早要自己面临问题，所以家长不应该大包大揽，什么都帮孩子解决，应该让孩子养成遇事有主见、自己解决问题的好习惯。

如果仔细分析的话，我们不难发现，很多孩子内心不够坚强，面对问题没有主见，这并不全是他们的问题，有很大一部分原因都来源于家长。比如家长从来不会让孩子自己去做什么，什么都为孩子准备好；在孩子受委屈的时候就将孩子庇护到自己的身后。在这样的环境下，孩子就会慢慢迷失自我，什么都以父母的意见为基准，当他们遇到问题而父母又不在身边的时候，他们就很容易被打垮。

那么，家长应该怎样培养孩子独立解决问题的能力呢？下面的这些建议可供借鉴。

1. 不要总是插手孩子的事情

处于成长阶段的孩子有很强的独立欲望，他们希望通过自己的努力去做一些事情。这个时候孩子或许做得不够好，但不代表他不能做，家长不能总是看不过眼而插手孩子的事情。这样时间久了，孩子就会养成懒惰的习惯，什么事情都等着家长来处理。

所以说，如果孩子和朋友闹了矛盾，家长不要急于挺身而出，看看孩子自己是怎么解决的，然后再给孩子一些经验，让孩子从实践中慢慢找出方法，也便于养成独立自主的好习惯。

2. 要掌握孩子的实际能力

因为家长对孩子有很强的保护欲，所以对孩子的了解难免有失客观。很多家长在孩子遇到问题的时候，比孩子还着急，认为孩子一定会受挫。但是你真的了解孩子的实际能力吗？不要太过惊讶，孩子的成长很多时候都是出乎我们意料之外的。

赵博的爸爸、妈妈对女儿总是有些担心过头，什么都想要帮女儿解决。但事实上，赵博已经上小学六年级了，很多事情她都可以自己做。有一次，赵博的父母临时安排出差，他们怕没有人管孩子，就让孩子去奶奶家住。但是赵博没有去，而是自己在家生活了两天。爸爸、妈妈回来后才发现，原来孩子已经长大了，自己完全可以放手了。

孩子面临问题的时候需要很多方面的能力，比如他要经过冷静、判断、思考、决定和行动，这些能力都是需要平时积累经验的，并非一朝一夕就可以培养出来。家长如果不给孩子一个机会，永远不知道孩子已经成长到了什么程度。先观察看看吧，如果孩子已经有了一定能力，那么就把他能够自己解决的问题交还给孩子，不要再管了。

3. 吃点苦没坏处

每个人都要经历挫折才能成熟起来，一辈子不经历磨难是不可能的，所以孩子受挫了，家长也不要觉得是天大的事，这都很正常。或许孩子在磨难面前有些退缩，但是，如果家长鼓励孩子的话，能够给孩子莫大的勇气。

不要急于帮助孩子，让孩子经历一点挫折，他才能学会自己想办法，才能遇事不焦躁，能够自己解决问题。

事实上自己解决问题并非是一种能力，而是一种意识。如果孩子有自己的主见，那么他就会首先想到自己解决困难。所以请父母放开手吧，让孩子经受一点磨难，才能更快地成长起来。

Part2　在自然中滋养孩子的心性

我们的孩子就像"野花"一样，需要自然的环境：阳光、雨水。请把孩子带进自然吧，让他们尽情地感受大自然，这是帮助他们发展感官、丰富知识、体验情感的好时机。他们的视野将变得开阔，思维变得活跃，价值观也会得以形成和升华。

带孩子进行一次自然之旅

汪宁在同龄的孩子当中是个"佼佼者"。他性格开朗，又博学多闻，很多同学都喜欢和汪宁在一起玩。因为他就像是一本"百科全书"一样，好像没有他不知道的事情。而且汪宁就像没有烦恼一样，总是嘻嘻哈哈的，和他在一起玩会让大家觉得放松而又开心。

汪宁能够有这样好的性格离不开他父母的教育。汪宁的父亲是个摄影师，他们从小就喜欢带着汪宁四处游玩。他们认为旅游可以增长孩子的见闻，也不会让孩子因为是独生子女而觉得孤独。

在汪宁还很小的时候，他的父母就带他去了很多地方，还留影纪念。在汪宁懂事之后，父母就经常给他讲以前旅行的见闻，还让儿子看小时候的那些照片。他们喜欢带着孩子去旅游，而汪宁也喜欢在节假日出去逛逛，长长见识，毕竟书本上看到的和真实展现在眼前的不是同一种感觉。

渐渐地，旅行似乎成了全家的一种习惯。即便汪宁即将面临小升初了，他的父母也没有让他在节假日里补课，而是征求孩子意见后带着他四处游玩。每次假期过后其他的同学都因为补课过得浑浑噩噩，而汪宁则因为充分地放松精神抖擞，学习状态好得很，而且从来没有过强烈的厌学情绪。

很多爱子心切的家长都很希望孩子能得到最广阔的发展空间，可在无意间却往往限制了孩子的发展。他们在很大程度上只注重对孩子的外在教育方式，尽量去满足孩子的物质欲望，却忽视了给孩子精神的引导和关爱，比如说带着儿子一块儿去旅游。

旅游，那得浪费多少时间！这是大多数父母的心声，他们认为自己拼命工作赚钱就是自己给孩子最大的爱，但事实上，这种观念是错误的。

从孩子的角度来说，如果一个孩子总是躲在家里，很少接触人，那么就会形成孤独、畏缩、沉默的性格。他喜欢一个人待在家里玩耍，见到陌生人赶快躲藏起来，很听话，被大人视为"乖孩子"，但是长大以后很可能会对社会环境产生退缩畏怯心理，很难适应社会。

生活是现实的，家长不要试图只通过书本教会孩子生活的智慧，只有常带着孩子出去走走、看看，才能让孩子体验大千世界，才能让孩子认识生活，感受生活，也能让孩子免于孤僻。那么，家长应该带着孩子去哪里旅游呢？

1. 各种博物馆和名胜古迹

博物馆就像是历史的沉淀，时间都会在这里停止。博物馆当中有很浓郁的文化气息，带着孩子多逛逛，可以让孩子增长见闻，激发孩子学习的热情和兴趣。

历史是人文堆砌而成的，孩子通过了解名胜古迹背后的故事，会对人生和历史有更深刻的理解。当然，去哪里也要以孩子的兴趣爱好为标准。比如孩子喜欢飞机的话，可以带着孩子去航空博物馆；孩子对远古生物好奇，可以带着孩子去自然博物馆，等等。

2. 带着孩子出趟远门

没有不能懂事的孩子，只有放不开手的家长。在时间充足的情况下，家长带着孩子出趟远门是锻炼孩子的好机会。去远处旅游的时候可以不参加旅行团，带上地图和指南，让孩子和自己一起制订旅行计划。

孩子依赖父母是一种天性，在旅行的途中让孩子也参与到计划当中，能够增进亲子关系，还能让孩子学会独立。其实出远门是体验生活的一个好机会，不要什么都给孩子安排好，让孩子自己拿着车票找座位，适当地让孩子拿一些行李，都是对孩子的一种磨炼。这有利于孩子的成长，也有利于孩子独立性格的养成。

3. 带着孩子到乡村走一走

现在很多家庭当中都是独生子女，孩子缺少和人交流的机会，节假日闷在家里，不是看电视，就是玩电脑，这对孩子的身体发育非常不利。家长可以让孩子在长假到乡村走一走，感受一下乡土气息，这对孩子的身心发展都非常有益。

小磊的爸爸今年暑假决定要让小磊和自己回一趟老家。知道农村没有宽带也没有电脑的小磊非常不乐意去，但是去了之后他被那里深深地吸引了。村子里的孩子很淳朴，他们一起到小河里打水仗，还一起爬树，晚上吃饭的时候小磊饥肠辘辘，根本顾不上挑食了，吃得很香。一个暑假过去了，小磊长高了，也长得更壮实了，更重要的是，小磊的性格也开朗多了。

到乡村去走一走，可以让孩子认识不一样的世界，认识到各地的风土人情，同时也能锻炼孩子的意志，让孩子懂得勤俭节约。更重要的是，在那里能够增加孩子与人沟通的机会。所以无论从哪个方面来说，家长都有必要让此成为一种雷打不动的"习惯"。

🍂大自然是孩子最好的老师

特特从小就对大自然充满了好奇心。在他很小的时候，他的妈妈给他买了一套《十万个为什么》，这让他对形形色色的动物和植物产生了浓厚的兴趣，而且一发不可收拾。他的妈妈看到儿子这么感兴趣，就给孩子买来了很多相关的书籍。

特特有不认识的字就去查字典。在这个过程当中他认识了很多字，也认识了很多动物、植物。但是他对大自然的认识也仅限于此。在他上小学之后，时常和同学谈论动物和植物，大家都觉得特特非常有见识。

但是特特有时也回答不上来同学的问题，因为他们问得太具体。比如同学问他要怎样捉蝴蝶比较好捉，他没有捉过，也就不知道。特特的妈妈发现最近孩子不爱看那些书籍了，就问儿子怎么了，只见特特委屈地说："我再也不看那些东西了，看了也没有用，同学还嘲笑我只会纸上谈兵。"

看到儿子这么委屈，特特妈妈才意识到，自己总是让孩子多看书，却忽略了实践的重要性。和特特的爸爸商量后，他们决定以后每周都带特特去郊外玩一次。刚开始特特不乐意，但是到了郊外，神清气爽，又有漂亮的蝴蝶，这下特特来劲了，他疯玩了一下午。周一的时候他就给同学讲了自己捉蝴蝶的经验。

从那之后，特特的父母就经常带特特出去玩，有时候去公园，有时候去水族馆，尽可能地满足孩子的求知欲。一段时间过后，特特不仅见闻变广了，人也开朗了许多。

我们都知道这样一句古语："读万卷书，行万里路。"行路与读书相提并论，其重要性可见一斑。家长带着孩子多接触大自然，不仅能欣赏到优美的自然风光及人文景观，还能提高孩子的审美情趣，增长见识，拓宽眼界，同时，还可以锻炼身体，培养意志品质及亲情。

对孩子来说，大自然就是他们的良师益友，是他们取之不尽、用之不竭的知识宝库。如果父母能有意识地让孩子多接触自然，就可以使孩子的视野更为开阔，知识更为丰富，对事物的审美感受也会增强。

另外，现在很多孩子都是独生子女，家中没有同龄人，而父母平时工作又忙，没有人陪伴他，只能困在自己的世界里。平时上学在教室里，放假待在家里，封闭的空间待久了会让孩子内心压抑。如果多带孩子接触大自然，可以对孩子的身心健康起到积极的作用；如果家长经常性地带着孩子接触大自然，那么孩子一定能够养成阳光向上的性格。

1. 田野里面知识多

带着孩子到田野、郊区去逛一逛，感受一下自然的气息。在这样的环境当中，孩子能够得到最大限度的放松。而且在田野、乡郊还有很多动物和植物，这些可以拓展孩子的知识面。如果到村庄去的话，孩子还能够看到各种作物。

2. 爬山有益于身体健康

现在很多孩子大脑发达，但身体发育却很让家长担忧。家长很有必要将孩子带出门，在节假日一起去远足、登山等。在看风景、放松身心的同时，对孩子的身体也是一次有益的锻炼。

3. 动物园和水族馆是生动的教科书

很多孩子对动物或一些海洋生物的认识都局限于书本。如果有时间，家长不妨带着孩子去动物园和水族馆看一看，让孩子深入地了解一下他们感兴趣的生物。

更重要的一点是，多和动物接触有利于培养孩子的情商。看见弱小的动物人们有一种保护的本能，多带着孩子去动物园看看那些可爱的动物们，有利于孩子情商的培养。时间久了，同情弱者就会成为孩子的一种习惯，善良自然就植在了孩子的性格当中。

🍀从大自然中汲取爱的智慧

从儿子还小的时候，东东的父母就经常带他亲近大自然，最常去的要数离家不远的公园和动物园了。

今年春天，东东再一次在爸爸、妈妈的陪伴下来到公园游玩。当看到绿油油的草地，东东一下子来了精神，松开妈妈的手，一溜小跑来到草坪中间又跳又蹦。

妈妈赶紧喊他过来，并对他说："东东，小草还很小，而且它们是有生命的。你想啊，如果有人踩到你，或者趴到你的身上你会疼吧，而且还会长不高呢！小草也是这样。"

听了妈妈的话，东东认真地点点头，并表示再也不去踩踏小草了。

在那次之后不久的一个周末，东东和爸爸、妈妈走在路上的时候，发现路边的玉兰花开得正艳，就央求妈妈给他摘一朵。妈妈却说："东东，如果我们每个人都觉得花漂亮，并摘下一朵的话，那么树上的花是不是很快就被摘没了呢？那样的话，树木还漂亮吗？我们也就一朵花都看不到了吧？"

听了妈妈的话，东东点点头，只是扬起自己的小脑袋冲着花朵闻了闻，然后满足地笑着离开了。

每一个做父母的人都期待自己的孩子能够以小绅士、小公主的姿态出现在别人面前。可是很多家长却不得要领，以至于在培养孩子这方面素养的时候走了不少弯路。

其实，要想培养孩子的绅士风度和公主气质，最重要也是最根本的是对其良好的个人修养和爱心的塑造。当孩子具备了这两方面的素质，就会很自然地将其最具魅力的一面展现出来，赢得别人的好感和赞赏。

通过日常生活中的点滴小事，妈妈给东东做出了很好的引导，让他学会了爱护自然，珍惜植物。这样的教育，不是谈什么大道理，而是让孩子在潜移默化中领略到了爱的力量。

当然，爱的范畴不只是包含热爱动植物，热爱大自然，它还包含人与人之间的友爱之情。因为有爱，当一个人遭遇困境的时候，会得到来自各方的援助；因为有爱，当一个地区遭遇灾害，会得到全世界人民的关心……可以说，"爱"是人与人之间最好的调和剂。一个心中充满爱的人，必将得到加倍的爱的回报；一个充满爱的家庭，必将幸福满溢。

对于正在成长中的孩子来讲，情商的教育是尤为重要的，这关乎孩子未来的性格和认知。所以，家长要从小培养孩子的爱的能力，让孩子学会接受爱，也懂得付出爱，并让爱成为孩子的一种习惯。

1. 从自然当中领略"自爱"

自爱是人的本性，是个体生存的基本特征。只有懂得爱自己，才能有爱别人的能力。孩子往往不是不自爱，而是没有"自爱"的意识，因为习惯于依赖父母，在父母的保护壳当中生存。所以家长要让孩子从自然当中学会自我保护，并养成一种习惯。

宋佳不管遇到什么事，第一反应都是找父母帮忙。就算摔了一跤，她也要让爸爸、妈妈用力踩地来报仇。随着孩子年龄的增长，妈妈意识到女儿这样下去不行，于是在去植物园的时候用含羞草教育了女儿一番。她对女儿说："含羞草一碰它就缩了起来，你知道吗？这是它在保护自己哪！其实我们和含羞草一样，完全可以保护自己，你看它就不用依赖父母。只有自己知道爱自己，别人才会爱你！"听了妈妈的话，宋佳若有所思。

孩子如果习惯于任性和放纵，实际上就是一种"不自爱"的行为。正像宋佳妈妈说的那样，只有懂得自爱，才会获得爱。大自然当中没有复杂的人性，家长可以利用动植物触动孩子内心中最柔软的部分，让孩子体会到爱的美好。

2. 让孩子学会爱他人

自爱虽然很重要，但是我们却不能让孩子只知道自爱。如果一个人只知道自爱，而不知道把爱奉献给别人，那么这只能说是一种低层次的狭隘的爱。只有做到爱自己，也爱他人，爱他人如爱自己，才算真正有了爱人的德行，正如古人所言，"以爱己之心爱人则尽仁"。

对于人类来说，很多植物和动物都是弱小的，家长可以利用孩子的同情心，让孩子学会爱护他人。平时孩子如果无意识地照顾了家里的植物或宠物，家长要及时鼓励、及时表扬。